01 — 我们与我们的爱情

我愿意舍弃一切，以想念你终此一生

朱生豪情书精选

朱生豪·著

◆ 世上最会说情话的人
写出的最动人的情书 ◆

中国文史出版社

图书在版编目（CIP）数据

我愿意舍弃一切，以想念你终此一生：朱生豪情书精选 / 朱生豪著. — 北京：中国文史出版社，2014.10

ISBN 978-7-5034-5415-8

Ⅰ.①我… Ⅱ.①朱… Ⅲ.①朱生豪（1912～1944）—书信集 Ⅳ.①K825.5

中国版本图书馆CIP数据核字(2014)第236199号

责任编辑：张春霞

出版发行	中国文史出版社
网　　址	www.wenshipress.com
社　　址	北京市西城区太平桥大街23号　邮编：100811
电　　话	010-66173572　66168268　66192736（发行部）
传　　真	010-66192703
印　　装	北京温林源印刷有限公司
经　　销	全国新华书店
开　　本	787mm×1092mm　1/32
印　　张	9.5
字　　数	175千字
版　　次	2015年1月北京第1版
印　　次	2017年4月北京第6次印刷
定　　价	32.80元

谨以此书献给天下有情人

祝愿有情人终成眷属

前言
Preface

民国时期的才子大都有写过情书，其中公认的最值得看的有：徐志摩、沈从文、郁达夫、鲁迅、夏济安、朱湘等，但跟朱生豪比起来，他们都差了一个等级。徐志摩的太腻、郁达夫的太碎、夏济安的太笨，沈从文是深情无措的稚子、鲁迅是温情别扭的硬汉、朱湘是温柔委屈的弱书生……终究都抵不过朱生豪情书的好玩、俏皮可爱。这位被朋友笑谑为"没有情欲"的木讷书生，写起情书来实在是情书中的极品。

如果说读沈从文和鲁迅可能会会心一笑，而看朱生豪的书信，绝对适合在阴冷的冬日夜晚，暖心暖肺而又更坚定心之所向，读来是情人更是益友，封封被感动到触及灵魂，有一种说不出的好。

本书精选的朱先生的188封情书，无不展示了他当时写作的手迹和心迹，更让我们重新认识了一个立体的栩栩如生的朱生豪，这或许是他的同学、友人都不曾认识到的，因他在旁人面前不爱开口，所有的幽默、聪敏与遐思，只对他亲爱的"好友"宋清如讲。

但要说这些信是情书，其实没有那种惯常的温柔缱绻，连朱先生自己都戏谑："情书我本来不懂，后来知道凡是男人写给女人或女人写给男人的信，统称情书，这条是《辞源》上应当补入的，免得堂堂大学生连这两字也不懂。"在这"统称"的情书里，他就是一个古灵精怪的孩子，半纸童言诳语，半纸天马行空，半纸诡辩自嘲，半纸聪明的肉麻话，但是很真，很生动，活灵活现。他就是这样十年如一日"欺负"着宋清如，也独爱着宋清如。

1932年秋，朱生豪在之江大学与宋清如因"诗"相识，随后因志趣相投，便相知相许。1933年，朱生豪毕业后到上海工作，两人便两地分隔，开始近十年的苦恋之旅，以书信交流情感，倾诉相思。在信中，朱生豪无话不谈，畅聊人生、倾诉思念之情、切磋诗词、交流喜怒哀乐、相互鼓励、翻译莎剧……贯穿始终的主线是对宋清如无限的思念和爱慕。

笔能生情，笔能生花，笔下闪烁着的是一颗火热的心。朱生豪与宋清如写了整整九年的信件，终于有情人终成眷属。从1933年相识到1942年两人结婚，再到1944年朱生豪去世，这些情书见证了传奇而悲壮的爱情。正是由于伟大的爱情和患难与共的知己，才成就了一代译莎巨匠。

莎士比亚是浪漫的，朱生豪也是浪漫的。据统计，在朱生豪的信件中，光对宋清如的称呼就多达60多种，比如：宝贝、好人、姐姐、二哥、老弟、小鬼头、小亲亲、傻丫头、傻子、Darling Boy……而在每封信的结尾处，他对自己风趣的自称更有110多种，朱朱、张飞、朱儿、叔父、小巫、罗马教皇、兴登堡将军、哺乳类脊椎动物、叽里咕噜……即使是书写相同内容的文字，也不会让你看着有重复的意思，在名称这样的细节方面同样处处注意，力求让自己心爱的人感受到自己对她的重视。

在这些书信里，风趣的语言是到处存在的，试想如果此人内心里不风趣的话，如何能把莎士比亚的戏剧翻译的如此有趣呢？还有那些朱生豪擅长的唯美的表达，总会勾起人心动的惊悸。如：

1. 女人打架，照例我是同情比较好看一点的那个。

2. 有人说"心如枯木"，唯一的办法便是用爱情把它燃烧起来，你知道枯木是更容易燃烧的。

3. 每天每天你让别人看见你，我却看不见你，这是全然没有理由的。

4. 要是你真比我大，那么我从今后每年长两岁，总会追及你。

5. 今天中午气得吃了三碗，肚子胀得很，放了工还要去狠狠吃东西，谁教宋清如不给信我？

目录
Contents

第一辑 相知相许：醒来觉得甚是爱你

初相识，他很矜持，在大学的校园里，即使路上遇见她也只当作陌生人。他表面如死水，静默如处子，说话像蚊子；他的内心是火山，只要给他一支笔，他就能使一张纸有灵魂。

第二辑 诉衷情：要是世上只有我们两个人多好

始相恋，即分离。她在杭州读书，他在上海工作，咫尺天涯。他每隔一两天给她写一封情书，诉说自己的情思；而她的每一封回信，都能带给他无穷的灵感和力量。

第三辑　畅聊人生：心中的轻愁

　　好的情书都不长，但恋人间的通信却很频繁，就像灌木丛不可能参天，却能生得漫山遍野。在艰难的岁月里，他们彼此倾诉，彼此依赖，彼此扶持，聊人生，聊彼此的哀愁。

第四辑　讨论诗词：诗最好是不读

除了谈情说爱，议论诗文和作品交流也是重要内容之一，朱是宋的教师，不时指点她一二，这可能是当时颇为流行的恋爱形式。

第五辑　爱到深处：不想过去，只想望未来

　　书信年代的恋爱似乎总是如此，缓慢悠长，情节波折，却没有实质性的进展，总是在深夜灯下，孜孜不倦地写啊写，盼信时的心焦被收信的欣喜轻而易举地覆盖。

第六辑 命定爱你：也许你望着月亮时，我正在想你

朱生豪的情书里，总荡漾着浪漫的诗意和无限的想象，他曾经说："我希望我现在就死，趁你还做得出诗的时候，我要你做诗吊我，当然你不许请别人改的。"

第七辑　翻译莎剧：我将成为一个民族英雄

　　1935年春，开始莎士比亚戏剧翻译准备工作。在战乱年代，做着如此艰涩的工作，而崇尚自由、满怀浪漫情怀的朱生豪，凭着两本字典，在妻子支持下，他翻译了31部莎士比亚戏剧。

第八辑 战乱年代：你已成为我唯一的亲人

结婚后，有一年宋清如回家过年。在分开的短暂的时日里，他们也是彼此牵挂，彼此想念，即使不吃饭，也要写信。

第一辑

相知相许：醒来觉得甚是爱你

Letter

初相识，他很矜持，
在大学的校园里，
即使路上遇见她也只当作陌生人。
他表面如死水，静默如处子，
说话像蚊子；他的内心是火山，
只要给他一支笔，他就能使一张纸有灵魂。

001
你在我心中十分可爱

宋：

谢谢你给我这么一件好工作！很想拒绝你的，但不愿拒绝你，你太好了。图书馆里借了四本《史通》，两本《中国历史研究法》，本想抄一些话头，可是回来之后，一起把它们看完了，算勉强得到一点烟士披里纯（系英文inspiration的音译，意思是"灵感"），写好了这一篇狗屁文章。

为什么你说我又要生气，这也算懂得我吗？你懂得我我不是顶高兴？

被人说作浪漫，尤其是被那些伪君子之流，他们说这两字总有一点不甚好的意味，并不算是有趣的事，但实际上你与我都只能说是浪漫的人。我们的性格并不完全一致，但尽有互相共鸣的地方。我们的认识虽是偶然，我们的交契却并非偶然。凭良心说，我不能不承认你在我心目中十分可爱，虽我对于你并不是盲目的赞美。我们需要的是对于彼此弱点的谅解，只有能互相谅解的人，弱点才能变成并不可憎，甚至于反是可爱也说不定。

除非我们在自己心理的矛盾下挣扎着找不到出路，外观的环境未必能给我们的灵魂以任何的桎梏。

说厌恶陈旧是人们普通的思想也未必尽然，这世间多的是沉湎骸骨的人，尤其在我们这老大古国里。我常想，要是中国并没有几千年古文化作基础，她当可以有希望一些。旧的文化，无论怎样有价值，为着免得阻碍新的生长起见，都有一起摧毁的必要。

一万个虔心的祝福！

朱 十四夜

002
想不到你竟会抓住我的心

清如：

一向我从不以离别为一件重大的事，而今却觉得十分异样。说些什么话吧，却也说不出来。

想不到你竟会抓住我的心，你纯良的人！然而我也未尝没有逃避的可能。但我不忍心飞去，当一天你还记着我的时候。

不忙就回去吧？明天给你到西湖里再坐一次划子，去不去告我。回去的话，一定通知我什么钟点，好送你行。你去了之后，不，没有什么。

朱　廿二晨

003
我一定要吃糖，为着寂寞

清如：

昨夜我做了一夜梦，做得疲乏极了。大概是第二个梦里，我跟你一同到某一处地方吃饭，还有别的人。那地方人多得很，你却不和我在一起，自管自一个人到里边吃去了。本来是吃饭之后，一同上火车，在某一个地方分手的。我等菜许久没来，进来看你，你却已吃好，说不等我要先走了，我真是伤心得很，你那样不好，神气得要命。

不过我想还是我不好，不应该做那样的梦，看你的诗写得多美，我真欢喜极了，几乎想抱住你不放，如果你在这里。

我想我真是不幸，白天不能困觉，人像在白雾里给什么东西推着动，一切是茫然的感觉。我一定要吃糖，为着寂寞的缘故。

这里一切都是丑的，风、雨、太阳，都丑，人也丑，我也丑得很。只有你是青天一样可羡。

这里的孩子们学会了各色骂人的言语，十分不美，父母也不管。近来哥哥常骂妹妹泼婆。妹妹昨天说，你是大泼婆，我是小泼婆。一天到晚哭，闹架儿。

拉不长了，祝你十分好！六十三期的校刊上看见你的名字三次。

朱　初三

004
你如不许我看，我便非看不可

好人：

录呈一"粲"，不是录呈一"桀"。

新咏数章，很像胡适之白话文学史中的王梵志体。不是好诗，但也过得去。"薀"字写作荡或盪，你老爱这样写。

"你的那篇文章"，如果你不对我说，我一定绝对不想看它，你既然对我说了，我便想看它；你如不许我看，我便非看不可。

上次来信中"因为我不喜欢听消极的话，允许我以后不把颓丧的话说给我好不好？"这句句子应当进文章病院。

一个月以前的明天的此时，我们冒着雨在马路上。幸福的日子是如此稀少！

寄给你全宇宙的爱和自太古至永劫的思念。

Lucifen（魔鬼、撒旦）　四日

005
我灵魂不曾有一天离开过你

好：

谢谢你给我一个等待。做人最好常在等待中，须是一个辽远的期望，不给你到达最后的终点，但一天比一天更接近这目标，永远是渴望，不实现也不摧毁，每天发现新的欢喜，是鼓舞而不是完全的满足。顶好是一切希望完全化为事实，在生命终了前的一秒钟中。

我仍是幸福的，我永远是幸福的。世间的苦不算甚么，你看我灵魂不曾有一天离开过你。

祝福你！

朱　十五下午

006
你是我心里顶溺爱的人

宋：

才板着脸孔带着冲动写给你一封信，读了轻松的来书，又使我的心弛放了下来。叫他们拿给你看的那信已经看到？有些可笑吧，还是生气？实在是，近来心里很受到些气闷，比如说有人以为我不应该爱你之类；而两个多月来离群索居的生活，使我脱离了一向沉迷着的感伤的情绪的氛围，有着静味一切的机会，也确使我渐对过去的梦发生厌弃，而有努力做人的意思。

我真希望你是个男孩子，就这一年匆匆的相聚，彼此也真太拘束得苦。其实别说你是那么干净那么真纯，就是一些人的冷眼，也会把我更有力地拉近了你的。我没有和平常人那样只闹一回恋情的把戏，过后便撒手了的意思。我只希望把你当作自己弟弟一样亲爱。论年岁我不比你大甚么，忧患比你经过多，人生的经验则不见比你丰富甚么，但就自己所有的学问，几年来冷静的观察与思索，以及早入世诸点上，也许确能做一个对你有一点益处的朋友，不只是一个温柔的好男子而已。

　　对于你，我希望你能锻炼自己，成为一个坚强的人，不要甘心做一个女人（你不会甘心于平凡，这是我相信的），总得从重重的桎梏里把自己的心灵解放出来，时时有毁灭破旧的一切的勇气（如其有一天你觉得我对于你已太无用处，尽可以一脚踢开我，我不会怨你半分），耐得了苦，受得住人家的讥笑与轻蔑，不要有什么小姐式的感伤，只时时向未来睁开你的慧眼，也不用担心什么恐惧什么，只努力使自己身体感情各方面都坚强起来，我将永远是你的可以信托的好朋友，信得过我吗？

　　也许真会有那么海阔天空的一天，我们大家都梦想着的一天！我们不都是自由的渴慕者吗？

　　现在的你，确实是太使我欢喜的，你是我心里顶溺爱的人。但如其有么一天我看见你，脸孔那么黑黑的，头发那么短短的，臂膀不像现在那么瘦小得不盈一握，而是坚实而有力的，走起路来，胸腔挺挺的，眼睛明明的发光，说话也沉着了，一个纯粹自由国土里的国民（你相信我不会爱一个"古典美人"？虽然我从前曾把林黛玉作为我的理想过），那时我真要抱着你快活得流泪了。也许那时我到底是一个弱者，那时我一定不敢见你，但我会躲在路旁看着你，而心里想，从前我曾爱过这个人……这安慰也尽可以带着我到坟墓里去而安心了。这样的梦想，也许是太美丽了，但你能接受我的意思吗？

　　为了你，我也有走向光明的热望，世界不会于我太寂寞。

　　来信与诗，都使我快活。每回你信来，往往怀着感激的心情，不只是欢喜而已。诗以较高的标准批评起来，当然不算顶好，以你的旧诗的学力而言，是很可以满意的了。第一首嫣嫣两字平仄略不顺，不大要紧，第二句固是好句子，但蹈袭我的句子太甚，把犹袭二字改为空扑吧。三四句平顺无疵。总观四句，略欠呼应，天上人间句略嫩，听之。此诗改为：

霞落遥山黯淡烟，残香空扑采莲船，

晚凉新月人归去，天上人间未许圆。

（两人字重复，因此读上去觉不顺口。倘把人归去的人改为郎字，却是一首轻倩的民歌。也许你会嫌太佻，但末句本不庄，故前面的人字不能改君字。）新月映带未许圆，使天上两字不落空。

第二首全体妥。糜字用得新，也许你用时是无意的？

第三首第二句微波漪涟重复，漪字平仄不对；第四句万般往事俗，改为年年心事即佳。全首改为：

无端明月又重圆，波面流晶漾细涟。

如此溪山浑若梦，年年心事逐轻烟。

三首诗情调轻灵得很，虽然还少新意，不愧是我的高足，我该自傲不是？

前次绝句二十首之后，又做了十一首，没有给你看。前几首较好：

春水桥头细柳魂，绿芜园内鹧鸪痕，

蜀葵花落黄蜂静，燕子楼深白日昏。

倚剑朗吟甃字栏，晚禽红树女萝残，
何当跃马横戈去，易水萧萧芦荻寒。

半臂晕红侧笑嫣，绿漪时掀米莲船，
莲魂侬魂花侬色，蛙唱满湖莲叶圆。

迟雪冲寒鹤羽甃，偶尔解渴落茅庵，
红梅白梅相对冷，小尼洗砚蹲寒潭。

略有宋诗调子，第三、四两首都故作拗句。又第九首：
秋花销瘦春花肥，一样风烟雨露霏，
萧郎吟断数根须，懊恼花前白裕衣。

第十一首：
燕子轻狂蝴蝶憨，满园花舞一天蓝，
仙人年幼翅如玉，笑澈银铃酡脸酣。

则是我诗里特有的童话似的情调。
天凉气静，愿安心读书，好好保重。

朱朱　廿三夜

秋兴杂诗七首，本没有给人看的意思，但张荃既有信给我，也不妨抄下来并给伊一读，我没有另外给伊写信的心向（方言，意思为"心思"）。

007
只想倚在你的肩上听你讲话

宝贝：

现在是九点半，我想你大概已经睡了，我也想要睡了。心里怪无聊的，天冷下雨，没有东西吃，懒得做事，只想倚在你肩上听你讲话。如果不是因为这世界有些古怪，我巴不得永远和你厮守在一起。

你说我们前生是不是冤家？我向来从不把聚散看成一回事，在你之前，除你之外，我也并非没有好朋友，不知道为什么和你一认识之后，便像被一根绳紧紧牵系住一样，怪不自由的，心也不能像从前一样轻了，但同时却又真觉得比从前幸福得多。

不写了，祝你快乐！

十九夜

008
我的快乐即是爱你

宋：

心里说不出的恼，难过，真不想你竟这样不了解我。我不知道什么叫作配不配，人间贫富有阶级，地位身分有阶级，才智贤愚有阶级，难道心灵也有阶级吗？我不是漫然把好感给人的人，在校里同学的一年，虽然是那样喜欢你，也从不曾想到要爱你像自己生命一般，于今是这样觉得了。我并不要你也爱我，一切都出于自愿，用不到你不安，你当作我是在爱一个幻像也好。就是说爱，你也不用害怕，我是不会把爱情和友谊分得明白的，我说爱，也不过是纯粹的深切的友情，毫没有其他的意思。别离对于我是痛苦，但也不乏相当的安慰，然而我并不希望永久厮守在一起。我是个平凡的人，不像你那么"狂野"，但我厌弃的是平凡的梦。我只愿意凭着这一点灵感的相通，时时带给彼此以慰藉，"像流星的光辉，照耀我疲惫的梦寐，永远存一个安慰，纵然在离别的时候。"当然能够时时见见面叙叙契阔，是最快活的，但即此也并非十分的必要。如果我有梦，那便是这样的梦，如果我有恋爱观，那便是我的恋爱观；如果问我对于友谊的见解，也只是如此。如果我是真心地喜爱你（不懂得配与不配，你配不配被我爱或我配不配爱你），我没有不该待你太好的理由，更懂不得为什么该忘记你。我的快乐即是爱你，我的安慰即是思念你，你愿不愿待我好则非我所愿计及。

愿你好。

朱　廿四

009
望你的信如望命一样

清如：

今天起来看见太阳光，心里有一点高兴。山中的雨是会给人诗一样的寂寞的，都市的雨只是给人抑塞而已，连相思都变成绝望的痛苦了。

望你的信如望命一样，虽然知道你的信不会到得这样快。一两年之前，我还不曾十分感到离别的难堪，友们别了之后，写信来希望一会，总是因懒得走动而拒绝了，以为见不见有什么关系，朋友何必一定要在一起，那时我该是幸福的。

上星期日是母亲忌辰，却忘记了，今天查起来才知道已经过去。

也是昨天一样的天气，十一年前的那天，人生的悲哀掩上了我，以至于今日。

祝福。

朱　十九

010
买书

宋儿，

有点像是要伤风了的样子，想睡下去，稍为写些。

因为心里十分气闷，决定买书去，莫泊桑已看得不剩几篇了，作为接济，买了一本 Flaubert（福楼拜，法国著名小说家）杰作集，其中包括他的三个名著，《波瓦立夫人》《圣安东尼的诱惑》和《萨朗保》，和两三个短篇（或者说是中篇）。有点失望，因为其中没有他的名著《感情教育》，篇幅也比较薄，只有六百多页，同样的价钱较莫泊桑少了四百页。不过其中有《波瓦立夫人》出版后因有伤风化被控法庭上的辩论和判决全文洋洋数十页，却是很可贵的史料，那个法官宣告被告无罪的贤明的判决在文学史上是很受赞美的。

法国的作品总是描写性欲的地方特别多，莫泊桑的作品里大部分也尽是轧姘头的故事（写得极美丽诗意的也有，写得极丑恶兽性的也有），大概中文已译出来的多是他的雅驯的一部分，太纯洁的人还是不要读他的全集好。法国的写实派诸大家中，Balzac（巴尔扎克，法国著名小说家）和 Zola（左拉，法国著名小说家）自然也是非常伟大的名字，但以文字的技术而论，则未免散漫而多涉枝节，不如 Flaubert 和 Maupassant（莫泊桑，法国著名小说家）的精练。但以我个人的趣味而论，较之莫泊桑的短篇，我总觉得更爱柴霍甫（今译为契诃夫）的短篇，这并不是说前者的评价应当在后者之下，而是因为一般而论，我喜爱俄国的文学甚于法国的文学。

出去没有带伞，回来密密的细雨打在脸上，很快意，简单放慢了脚步，缓步起来。

身边还有四块多钱，足够过年！明天或者不出去。等过了新年拿到薪水，决定上杭州来一次（即下星期），你如不待我好则不来。实在照这样子，活下去很不可能。

愿你吉祥如意。

朱儿

011
我愿意听话，永远待你好

好宋：

真的我不怪你，全不是你错，无可如何才怪你，但实在是不愿怪你的，遇到这等懊恼的事，暂时生一下子气，你会允许我的吧？我不曾骂你，是不是？你不要难受才好。我愿意听话，永远待你好。

说，愿不愿意看见我，一个礼拜后？抱着一个不曾弥补的缺憾，毕竟是太难堪的事，让我再做一遍西湖的梦吧，灵峰的梅花该开了哩。你一定来闸口车站接我，肯不肯？我带巧格力你吃。这回手头大充实，有五十多块钱，另外还借出十八块钱，虽然年节开发，买物事（上海方言，意思即东西）回家，得用去一些。

其实从北站到我处一段路，也并不怎样难走，远虽是远，只须坐七路提篮桥电车到底，就没有多少路，如懒得问，黄包车十来个铜子也拉了。寓所就在office（办公室）转角，原该早告诉你的。

今后再不说诳话欺骗自己了，愿意炼成一个坚强的钢铁样的信心，永远倾向着你，当我疲倦了一切无谓的游戏之后。我不愿说那是恋爱，那自然是比恋爱更纯粹的信念。我愿意懂得"永恒"两字的意义，把悲壮的意味放入平凡的生活里，而做一个虔诚的人。因为我是厌了易变的世事，也厌了易变的自己的心情。

你并不伟大，但在我心里你是伟大的。

给你深深的友爱，我常想你是比一切弟弟更可爱的弟弟。

朱　九日傍晚

012
想着你，依恋着你，便是幸福

清如：

今天心里有点飘飘然。原因是一，昨天头痛一天，今天好了；二，天很暖；三，今天星期，还要工作，虽不开心，然而机器不响，心很静，比在家或走在马路上好一些；四，已定规来杭州看你。

后天回家去，十六从嘉兴搭快车一点廿分到闸口，你能来接我最快活。十七星期六，十八星期，你得陪我玩，不，领我玩。多少高兴，想着终于能看见你，顶好的好人！当我上次得到你的信，一眼看见不许哭三字，眼泪就禁不住滚下来了，我多爱你！

心里的意识，怎样也诉说不完，也诉说不出，因此而想起音乐是最进化的语言：一切"散文的"语言文字是第一级，诗是第二级，音乐是最高级，完全依凭感觉，脱离意象而独立了。凡越朦胧则越真切。我梦想一个音乐的天国，里面的人全忘了讲话与写字。这是野话。我知道你顶明白我，但还巴不得把心的每一个角落给你看才痛快。我为莫可奈何而心痛，欲抱着你哭。

愿上帝祝福你的灵魂永远是一朵不谢的美丽的花！我能想着你，梦着你，神魂依恋着你，我是幸福的。

朱　十一下午

013
我发誓以后不再顽皮

好人：

你的文法不大高明，例如"对于你的谣言，确使我十分讨厌"这句话，应该说作"你的谣言确使我十分讨厌"，或"对于你的谣言，我确十分讨厌"。

这样吹毛求疵的目的是要使你生气，因为我当然不愿你生我气，但与其蒙你漠不关心我，倒还是生气的好了。我不想责备我自己，因为我觉得我已够可怜，但我发誓以后不再naughty（顽皮），（虽然我想我不用告诉你我是怎样"热烈期待"着这次的放假，为的有机会好来看看你；年初一的夜里，我是怎样高兴得整夜不睡，天气恶劣怎样反而使我欢喜，因为我可以向你证明我的一片诚心；次日清晨我怎样不顾一切劝阻而催促他们弄饭，饭碗一丢就扬长而去；我是怎样失望发现第一班车要在十一点钟才有，我不能决定还是走好还是不走好，我本想当天来回，这样恐怕不成功了，姑且回了家再说；回到家中，两只脚又是怎样痛得走不动，为着穿了紧的皮鞋；乘兴而去，败兴而来，当然勇气要受了挫折……这些话也许都会被你算作讨厌的谣言），也不再把你的名字写得这样难看；但任何国际条约必须基于双方平等的基础上，我希望你也不要叫我朱先生或十分谢谢我。

你的命令我不能不尊从，因为你特意把"要"字改为"准"字，不要你来信只是表示我不愿意你来信，但尚未有禁止之意；不准便由愿望改为命令了。但是我希望等番茄种子寄出去之后（当然那必须附一封信，否则你不知道是谁寄来的），我还可以（有）写信问你有没有收到的权利是不是？

我伤心得很。

厌物　廿三

014
我爱你像爱一首诗一样

澄：

带着一半绝望的心，回来吃饭，谢谢天，我拾回了我的欢喜。别说冬天容易过，渴望着信来的时候，每一分钟是一个世纪，每一点钟是一个无穷。然而想着你是幸福的在家里，疹念的心，也总算有了安慰。

你不会责备我说过的那些无聊话？

我实在喜欢你那一身的诗劲儿，我爱你像爱一首诗一样。

问你寒假里有没有计划的人，我不知是谁，大概是一位蠢货，一定。理想的人生，应当充满着神来之笔，那才酣畅有劲。计划，即使实现了也没趣。祝福你。

告诉我几时开学，我将数着日子消遣儿，我一定一天撕两张日历。

朱　廿三下午

015
如果我不认识你，一定更不幸

清如：

好了吗？怎样的悬念着悬念着。

我脾气确实近来也坏了，常常得罪人，因为"戏慢（上海方言，怠慢，不尊重）"他们，昨天被彭同任教训了一顿，我是不好，他们却可笑。

常常气闷得很，觉得什么人都讨厌，连自己的影子也讨厌，很愿意一个朋友也不要。不过想到你时，总是好像有点例外。如果我不认识你，我一定更不幸。

愿你健康，愿你快乐，一切的平安给与你！杜鹃花几时红起来，山中该热闹了呢。我没有希望，没有真能令我快乐的事物，虽也不愿颓唐。只有一个冀念，能够在可能的最近再看见你，我将永远留一个深心的微笑给你，那是一切意望之花，长久的竚候里等待着开放的。

虽然是怎样无意味的信呵！

朱　廿二上午

016
醒来觉得甚是爱你

　　昨夜我看见郑天然（朱生豪的同学加好友）向我苦笑。你被谁吹大了，皮肤像酱油一样，样子很不美，我说，你现在身体很好了，说这句话，心里甚为感动，想把你抱起来高高的丢到天上去。醒来觉得甚是爱你。

　　这两天我很快活，而且骄傲。

　　你这人，有点太不可怕。尤其是，一点也不莫名其妙。

朱

017
我是属于你，永远而且完全地

小姊姊：

你好？我……没有什么，很倦，又不甘心睡，也不愿写信。

家里有没有信？我希望你母亲早已好了。

又一星期过去，日子过得越快，我越高兴。我发誓永不自杀，除非有一天我厌倦了你。

每天每天你让别人看见你，我却看不见你，这是全然没有理由的，我真想要你喂奶给我吃。

有人说我胖了，我完全不相信，你相信不相信？你现在生得是不是还像我们上次会面时一样？也许你实在很丑也说不定，但我总觉得你比一切的美都美，我完全找不出你有任何可反对的地方，我甘心为你发痴。

如果你不欢喜我说这样话，我仍然可以否认这些话是我说的，因为我只愿意说你所喜欢听的话。

我是属于你的，永远而且完全地。愿你快乐。

专说骗人的诳话者　十一夜

如果我想要做一个梦，世界是一片大的草原，山在远处，青天在顶上，溪流在足下，鸟声在树上，如睡眠的静谧，没有一个人，只有你我，在一起跳着飞着躲着捉迷藏，你允不允许？因为你不允许我做的梦，我不敢做的。我不是诗人，否则一定要做一些可爱的梦，为着你的缘故。我不能写一首世间最美的抒情诗给你，这将是我终生抱憾的事。我多么愿意自己是个诗人，只是为了你的缘故。

018
你要不要打我手心

澄儿：

我应该听你话静静一些儿的，可是这颗心没办法好想，又写信了，你要不要打我手心？

我今天烦躁了整个儿的一天，晚上淋着雨到陈尧圣（朱生豪同学）家吃夜饭，也没有什么感想，不过发现赵梓芳夫妇俩也同住着，有些意外，而且离我这里那么近。回了转来，怎么也不能睡，虽没有话对你说，仍然执起笔来了。

上午曾写了几封信给我那些宝贝朋友们，但一封也不寄出，有什么意思呢？……我不高兴写了。你为什么爱朱朱（朱生豪经常使用的笔名）呢？（呵欠）

我想做诗，写雨，写夜的相思，写你，写不出。

019
我并不真怪你

好友：

我并不真怪你，不过是怪着你玩玩而已。你这人怪好玩儿的，老是把自己比作冷灰——怪不得我老是抹一鼻子灰。也幸亏是冷的，否则我准已给你烧焦了。我不大喜欢这一类比喻。例如有人说"心如止水"，只要投下一块石子去，止水就会动起来了；有人说"心如枯木"，唯一的办法便是用爱情把它燃烧起来，你知道枯木是更容易燃烧的。至如你所说的冷灰，只要在它中间放一块炙热的碳，自然也会变热起来。但最好的办法还是给它一个不理睬，因为事实上你是待我很好的，冷灰热灰又有什么相干呢？

你要是说你不待我好，即使我明知是真也一定不肯相信。但你说你待我很好，我何乐而不相信呢？但我很希望听你说一万遍，如果你不嫌嘴唇酸的话。

你一定不要害怕未来的命运，有勇气把眼睛睁得大大的，凝视一切；没勇气闭上眼睛，信任着不可知的势力拉着你走，幸福也罢，不幸也罢，横竖结局总是个 The end。等我们走完了生命的途程，然后透过一口气相视而笑。好像经过了一番考试，尽管成绩怎样蹩脚，总算卸却了重负，唉呵！

我拍拍你的肩头。

Villain

020
你如不爱我，我一定要哭

小亲亲：

昨夜写了一封信，因天冷不跑出去寄，今天因为觉得那信写得……呃，这个……那个……呢？有点……呃，所以，……所以扣留不发。

天好像是很冷是不是？你有没有吱吱叫？

(此处信中有缺失……)

因为……虽则……但是……所以……然而……于是……哈哈哈！

做人顶好不要发表任何意见，是不是？

我不懂你为什么要……你猜要什么？

有人喜欢说这样的话，"今天天气好像似乎有点不大十分很热"，

"他们两口子好像似乎颇颇有点不大十分很要好似地的样子"。

你如不爱我，我一定要哭。你总不肯陪我玩。

小痫痫头　三月二日

021
我爱你也许并不为什么理由

哥哥：

读了昨夜我给你的信，不要气我，不要笑我，尤其不要可怜我，今天我清新得很，想不到又下雨了。昨夜梦见弟弟，他成天在床上翻书，好像他不愿意住在学校里，因此回家了；我要每天坐电车上工厂做工，很有精神。我有没有告诉你，我的小的兄弟到福建当大兵去了，很有趣不是？我们做人，就像在一个童话里。昨夜跑出来把信丢在邮筒（油桶，我们从前说的）里，弄堂里看见月亮，一路上充满了工厂里吐出来的煤气，这就是我们的蔷薇花香了。Sol sol me，re do，la do，fa，la do，sol-me re sol do。这是他们唱的歌，我不知道是什么歌。我买了一包奶油朱古力。

今天早晨老太婆打碎我一只茶杯，摸出二角几个铜板，费了好一会心思算出来的价钱，硬要赔我，还她还不肯拿，很诚朴。要是这时候卓别麟摇摇摆摆的进来，一定很有趣。跟他们大人我讲不来话，因为我太小了，跟小人儿又讲不来话，因为我太大了。臭虫报告了春天的消息，昨天在被中发现一个，小小心心用纸儿将它裹了，我碰一碰它就怕，觉得浑身臭虫在爬，恶心死人。愿你笑！

　　　　Ariel（爱丽儿，莎士比亚戏剧《暴风雨》中的小精灵）

　　我忘记了我说过甚么话使你感激，愿你不要过分相信我，过分相信一个人会上当的。好坏都随各人判断，没有甚么该不该。你要是能放心我，能随便我向你说什么话，我就快活了。我多分是一个趣味主义者，不是十分讲理的，我爱你也许并不为什么理由，虽然可以有理由，例如你聪明，你纯洁，你可爱，你是好人等，但主要的原因大概是你全然适合我的趣味。因此你仍知道我是自私的，故不用感激我，感激倘反一反很容易变成恨，你愿意恨我吗？即使你愿意恨我，我也不愿意被你恨的。我们永远要好，就是那么一回事，今天下雨自然有下雨的原因，但你能说天什么理由一定要下雨呢？

　　关于这题目有说不完的话，最好你相信，你应该这样"幸福"，如果这是"幸福"的话。

第二辑

诉衷情：要是世上只有我们两个人多好

Letter ♡

始相恋，即分离。

她在杭州读书，

他在上海工作，咫尺天涯。

他每隔一两天给她写一封情书，

诉说自己的情思；

而她的每一封回信，

都能带给他无穷的灵感和力量。

022

我待你好，你也不要不待我好

好人：

你不懂写信的艺术，像"请你莫怪我，我不肯嫁你"这种句子，怎么可以放在信的开头地方呢？你试想一想，要是我这信偶尔被别人在旁边偷看见了，开头第一句便是这样的话，我要不要难为情？理该是放在中段才是。否则把下面"今天天气真好，春花又将悄悄地红起来"二句搬在头上做帽子，也很好。"今天天气真好，春花又将悄悄地红起来，我没有什么意见"这样的句法，一点意味都没有；但如果说"今天天气真好，春花又将悄悄地红起来，请你莫怪我，我不肯嫁你"，那就是绝妙好辞了。如果你缺少这种poetical instinct（诗的直觉），至少也得把称呼上的"朱先生"三字改做"好友"，或者肉麻一点就用"孩子"；你瞧"朱先生，请你莫怪我，我不肯嫁你"这样的话多么刺耳；"好友，请你莫怪我，我不肯嫁你"，就给人一个好像含有不得不苦衷的印象了，虽然本身的意义实无二致；问题并不在"朱先生"或"好友"的称呼上，而是"请你莫怪我……"十个字，根本可以表示无情的拒绝和委婉的推辞两种意味。

你该多读读《左转》。

我没有要你介绍女朋友的意思，别把我的话太当真。你的朋友（指我）是怎样一宗宝货你也知道，介绍给人家人家不会感激你的，至于我则当然不会感激你。

我待你好，你也不要不待我好。

023
特此警告

阿娣：

不许你再叫我朱先生，否则我要从字典上查出世界上最肉麻的称呼来称呼你。特此警告。

你的来信如同续命汤一样，今天我算是活转来了，但明天我又要死去四分之一，后天又将成为半死半活的状态，再后天死去四分之三，再后天死去八分之七……等等，直至你再来信，如果你一直不来信，我也不会完全死完，第六天死去十六分之十五，第七天死去三十二分之三十一，第八天死去六十四分之六十三，如是等等，我的算学好不好？

我不知道你和你的老朋友四年不见面，比之我和你四月不见面哪个更长远一些。

　　有人想赶译高尔基全集，以作一笔投机生意，要我拉集五六个朋友来动手，我一个都想不出。捧热屁岂不也很无聊？

　　你会不会翻译？创作有时因无材料或思想枯竭而无从产生，为练习写作起见，翻译是很有助于文字的技术的。假如你的英文不过于糟，不妨自己随便试试。

　　我不知道世上有没有比我们更没有办法的人？

　　你前身大概是林和靖的妻子，因为你自命为宋梅。这名字我一点不喜欢，你的名字清如最好了，字面又干净，笔画又疏朗，音节又好，此外的都不好。清如这两个字无论如何写总很好看，像澄字的形状就像个青蛙一样。青树则显出文字学的智识不够，因为如树两字是无论如何不能谐音的。

　　人们的走路姿式，大可欣赏，有一位先生走起路来身子直僵僵，屁股凸起；有一位先生下脚很重，走一步路全身肉都震动；有一位先生两手反绑，脸孔朝天，皮鞋的历笃落，像是幽灵行走；有一位先生缩颈弯背，像要向前俯跌的样子；有的横冲直撞，有的摇摇摆摆，有的自得其乐；有一位女士歪着头，把身体一扭一扭地扭了过去，似乎不是用脚走的样子

　　再说。

朱　一日

024
我不要和你谈君子之交

傻丫头：

我不要向你表敬意，因为我不要和你谈君子之交。如果称"朱先生"是表示敬意，"愿你乖"是不是也算表示敬意？你说如果有人称你宋先生你决不嫌客气，这里自从陆经理以下至于用人都和你一样称我为朱先生（除了我们的主任称我为"生豪公"，英文部一二个同事称我为"密司脱朱"，因为他们懂得英文的缘故，一位茶房亲热地称我为"朱"，大概自以为这样叫法很时髦，不知全然缺乏了"敬意"），我又何尝嫌他们客气？问题只是在你称我为朱先生是否合式这一点上。就常识而言，先生二字是对于尊长者及陌生或疏远者的敬称，在俚俗的用法中，亦用于女人对他人称自己的丈夫或称他人的丈夫的代名词，如云"我家先生不在家"，"你的先生有没有回来？"等。用于熟识的朋友间，常会有故意见疏的意味，因此是不能容忍的。

今天，没有什么好说的，上午满想睡半天，可是到十点钟仍旧起来了，读了一些……下午……天晓得我真要无聊死。

我爱你，此外什么都不知道。

心里异常不满足，因为写不出什么话。要是此刻你来敲门唤我，出去take a walk（散步）多好。

黄天霸　五夜

025
负气

清如：

本来是不该再写这信了，因为昨夜气了一夜，原谅我没有人可以告诉。

话太多，实不知从何说起。只恨自己太不懂事，以后该明白一些，我是男人，你该得疑惧我的。一向太信任朋友两个字，以为既然是朋友，当然是由于彼此好感的结合，至于好感的到何程度，那当然不是勉强而来。但爱一个朋友，总不算是一件错的事，现在才晓得要好是真不应该"太"的。我心里有无限的屈辱。

愿你相信我一向是骗你，我没有待你好过，现在也不待你好，将来也不会待你好，这样也许你可以安心一点。交朋友无非是多事，因为交朋友就要好，而你是不愿别人跟你要好的。现在我很相信你不时提说的那一句话，男女间友谊不能维持永久。这责任不是我负，因为我一向信任你，不信任人的是你。我殊想不到待你太好会构成我自己的罪名。我心里有无限的屈辱。

写不出了，主要的意思，仍没有说。愿你好，以后，我希望能使你安静一点。

做人，是太难堪了。

026
一见钟情

你相不相信"一见钟情"这句话？如果不相信，我希望你相信。因为昨天有一个人来看我，我们看影戏，我们逛公园，她非常可爱，我交关喜欢她。我说，她简直跟你一样好，只不知道她是不是便是你？也许我不过做了个梦也说不定。

亲爱的小鬼，我要对你说些什么肉麻的话才好耶？我只想吃了你，吃了你。

鸭　廿五

027
仍旧想跟你在一起做梦

宋姑娘：

读到芳扎之后，不想再说什么话，因为恐怕你又要神经。

这星期过得特别快，因为中间夹着一个五一劳动节。其实星期制很坏。星期日玩了一天之后，星期一当然不会有甚么心向工作，星期二星期三是一星期中最苦闷的两天，一到这两天，我总归想自杀，活不下去；星期四比较安定一些，工作成绩也要好些，一过了星期四，人又变成乐天了，可是一个星期已过去大半，满心想玩了；星期五放了工，再也安身不住，不去看电影，也得向四马路溜达一趟书坊，再带些东西回来吃，或许就在电车里吃，路上吃；星期六简直不能做工，人是异样不安定，夜里总得两点钟才睡去；可是星期日，好像六天做苦工的代价就是这一天似的，却是最惨没有的日子。星期日看的电影，总比非星期日看的没兴致得多，一切都是空虚，路一定走了许多，生命完全变得不实在，模糊得很，也乏味得很；这样过去之后，到星期一灵魂就像是一片白雾；星期二它醒了转来，发现仍旧在囚笼里，便又要苦闷了。

你总有一天会看我不起，因为我实在毫无希望，就是胡思乱想的本领，也比从前差得多了，如果不是因为今天是星期五之故，我真不想活。

不骗你，我很爱你，仍旧想跟你在一起做梦。

朱

028
我希望你永远待我好

昨天上午安乐园冰淇淋上市，可是下午便变成秋天，风吹得怪凉快的。今天上午，简直又变成冬天了。太容易生毛病，愿你保重。

昨夜梦见你、郑天然、郑瑞芬等，像是从前同学时的光景，情形记不清楚，但今天对人生很满意。

我希望你永远待我好，因此我愿意自己努力学好，但如果终于学不好，你会不会原谅我？对自己我是太失望了。

不要愁老之将至，你老了一定很可爱。而且，假如你老了十岁，我当然也同样老了十岁，世界也老了十岁，上帝也老了十岁，一切都是一样。

我愿意舍弃一切，以想念你终此一生。

所有的恋慕。

蚯蚓　九日

029
只要你稍微有点喜欢我

青女：

我不很快乐，因为你不很爱我。但所谓不很快乐者并不等于不快乐，正如不很爱我不等于不爱我一样。而且一个人有时是"不很"知道自己的，也许我以为我爱你，其实我并不爱你；也许你以为不很爱我，其实很爱我也说不定，因此这一切不必深究。如果你不接受我的欢喜，你把它丢了也得，我不管。因为如果你把"欢喜"还给我，那即是说你也得欢喜我，我知道你是不肯怎样很喜欢我的。你以为你很不好也吧，我只以为你是很好的。你以为将来我会不喜欢你也吧，我只以为我会永远喜欢你的。这种话空口说说不能令人相信，到将来再看吧。我希望我们能倒转活着，先活将来，后活现在，这样我可以举实在的凭据打倒你对我的不信任。

我永远不恨你骂你好不好？

不准你问我要不要钱用，因为如果我没钱用而真非用不可的时候，我总有设法处的。要是真没有设法处，我也会自己向你开口的。此刻我尚有钱。

兄弟如有不好之处，务望包涵见谅为荷！

以后我每天或间一天给信你，你每星期给一次信我，好不好？其实我只要你稍为有点欢喜我，就已心满意足了，我相信你终不至于全然不喜欢我，有时你说起话来带着——不说了。

我发疯似地祝你好！

丑小鸭

030
我总是想自己比别人更幸福

好朋友：

你知不知道我夜夜给你写信，然而总是写了一点，不是太无聊，就是话支蔓得无从收拾，本来可以写很长很长的信的，但是那很吃力，因此就去睡了。

我听见人家说，春天已快完了。今年这春天过的很有趣。其实觉得天气暖也只是不久的事，春天不春天本不干我甚么事，日子能过得快总是好，即使我们都快要老了。无论如何，我们老了之后，总要想法子常在一起才好。

今天到杨树浦底头跑了一回，看见些菜花和绿的草。静静的路上老头儿推着空的牛头车，有相当的意味。工厂里放工出来，全是女人，有许多穿着粗俗的颜色，但是我简直崇拜她们。

漠然的冷淡全不要紧，顶讨厌的是不关痛痒的同情，好像以为我生活得很苦很沉闷，而且有害身体，其实我是不会生活得比别人更苦的，而且你允许我这样说，我还是一个幸福的人，我总是想自己比别人更幸福的。好友，我不该这样想吗？你是怎样好，怎样使我快乐，除开我不能看见你。

小说都已看完，《罪与罚》好得很，《波华利夫人》译得不好，比之前者动人之处也不及多，《十日谈》文笔很有风趣，但有些地方姑娘们看见要摇头，对女人很是侮辱，古人不免如此。

明天是所谓睏坦觉的日子，或者，大概，要去领教领教 Garbo。

我很想起张荃，她出路有没有决定？大概是在家乡教书。

梦中不识路，何以慰相思。我是怎样的爱听你说话。

祝福。

朱　廿一夜

031
越是想你，越没有梦

宝贝：

我倦眼朦胧地给你写信，现在是下午四点三十三分。昨夜看小说看到二点多，今天倦得想死。我不想骂你，第一因为我倦；第二因为你叫我不要骂你；第三因为我并不比你好，不配骂你；第四即使我不倦，即使你叫我骂你，即使我配骂你，我也不愿意骂你，因为你是宝贝。

为什么我不会欢喜你向我饶舌呢？你自己懒得动笔，莫要推在我身上，我不要你那样体谅我。我多希望你一天到晚在我耳朵边咭咭呱呱，那么我永远不会神经衰弱。只要你不嫌吃力，一天对我讲四十八个钟点的话我都不会厌倦。

越是想你，越没有梦，福薄缘悭，一至于此！昨夜好容易到将醒来时才梦见接到你一封薄如蝉翼的信，还来不及拆开看时已经醒了，这种梦简直不值一个大（朱生豪的口语，一文不值的意思）。

我只盼望星期，我愿意什么事都不做，只是玩，吃东西，活着一点不快乐。

等到再看见你时，我又老了一百岁了。作算我再能看见你三十次，作算每次都是整整的一天，作算我们还有三十年好活，那么我还有10927.5天不看见你，30天看见你，这比例叫人气馁。

032
唯你能给我感奋

时间过得却快，现在三点半钟了。好友！我对你只有感激的欢慰和祝福的诚挚。几天的期望，换得一整天相聚的愉快，虽而今遗留给我的只是无穷的怅惘，我已十分满足。我不欲再留恋于此，已定坐七点十五分快车一个人悄悄地离校。我知道这次我不该来，在外边轻易引不起任何伤感，一到此便轻轻拨起了无可如何的恋旧之思。这是我自寻烦恼，你不用为我不安（老鼠爬到身上来）。这环境于我不适，我宁愿回到嚣尘的沪上。望就给信我。（老鼠爬到头上）

我不能眷怀已往的陈骸，只寄希望于将来，总有一天，生活会对于我不复是难堪的 drudgery（苦工）。我十分弱，但我有求强的意志。寂寞常是啮着我，唯你能给我感奋，永远不能忘记你！

不多写，你会明白我。放假后过沪时，我从今天起再开始渴念着见你一次。现在我走了，我握你的手！

朱 二日晨四时

033
要是世上只有我们两个人多好

宋：

你把我杀了吧，我越变越不好了。

我想不出你将来会变得怎样，但很知道我自己将来会变得怎样，当我看见一个眼睛似乎很贪馋，走路东张西望，时常踩在人家脚上，嘴里似乎喃喃自语的老头子，我就认识，这就是我。

今天幸亏天气好——不热，有些雨，否则我一定已经死了，最近的将来我一定要生几天病，因为好久不病了。

要是世上只有我们两个人多么好，我一定要把你欺负得哭不出来。

俚词四首（借用张荃女史诗韵）

水面花飘水面舟　猖狂一辈少年游

宁教飞花随水去　莫令插向老人头

美人汗与花香融　且敞罗衫纳野风

春去春来都不管　好酒能驻朱颜红

恼杀枝头间关禽　恼杀一院春光深

敲碎一树桃李花　莫教历落乱侬心

陌上花儿缓缓开　天涯游子迟迟回

只愁来早去亦早　不如日日盼伊来

我爱宋清如，因为她是那么好。比她更好的人，古时候没有，以后也不会有，现在绝对再找不到，我甘心被她吃瘪。

我吃力得很，祝你非常好，许我和你偎一偎脸颊。

无赖　星期日

034
愿上帝祝福所有的苦人儿

清如：

要是我死了见上帝，一定要控诉你虐待我。

人已做到了山穷水尽的地步，再有何说？要是我进了修道院，我会把圣母像的头都敲下的。

总之你是一切的不好，怨来怨去想不出怨什么东西好，只好怨你。

今天提篮桥遇见了苏女士，照理一年不见了应该寒暄几句，可是她问我那里去，我想不出答案，便失神似的说回去，她似乎觉得这话有点可笑，我只向她笑笑而已，一切全是滑稽。

愿上帝祝福所有的苦人儿！

如果穷人都肯自杀，那么许多社会问题，都可不解决而自解决，我以为方今之世，实有提倡自杀的必要。

总之你太不好，我这样不快活！

再没有好日子过了，再不会笑笑了，糖都要变成苦味了，你也不会待我好了。

总之这样下去是不成的，我宁愿坐监牢。

为什么你要骂我？为什么你……人家都给他们吃，只不给我吃，我昨天不也给你吃花生？

我秘秘密密地告诉你，你不要告诉人家，我是很爱很爱你的。

我是深爱着青子的，

像鹞鹰渴慕着青天，

青子呢？

睡了。

鹞鹰呢？

渴死了。

没有茶吗？

开水是冷的。

我要吃 ice cream。

我要打宋清如，那尼姑。

035
但愿来生我们终日在一起

宋：

　　于是你安然到了家里，我也安然活着。当然我并不愿你来，也不盼你希望你来。今天又是下雨，但你不来而以因为我不愿你来作理由，却太使我恼，因为这是你第一回听我的话。如果我说，我愿你爱我，你愿不愿爱我呢？世上的事都是这样的，你如向人请求点恩惠，人家便将白眼报之，要是请他打一记耳光，人家便会欣然应命的。

　　当然是我的无理，你不要以为我怪你，但以后请你不要诱我了吧，那真有点难堪。

　　但愿来生我们终日在一起，每天每天从早晨口角到夜深，恨不得大家走开。

朱　廿六

036
我希望世上有两个宋清如

好:

我希望世上有两个宋清如，我爱第一个宋清如，但和第二个宋清如通着信，我并不爱第二个宋清如，我对第二个宋清如所说的话，意中都是指第一个宋清如，但第一个宋清如甚至不知道我的存在。要你知道我爱你，真实太乏味的事，为什么我不从头开始起就保守秘密呢?

为什么我一想起你来，你总是那么小，小得可以藏在衣袋里?我伸手向衣袋里一摸，衣袋里果然有一个宋清如，不过她已变成一把小刀（你古时候送给我的）。

我很悲伤，因为知道我们死后将不会在一起，你一定到天上去无疑，我却已把灵魂卖给魔鬼了，不知天堂与地狱之间，许不许通信。

我希望悄悄地看见你，不要让你看见我，因为你不愿意看见我。

我寂寞，我无聊，都是你不好。要是没有你，我不是可以写写意意（上海方言，意为舒舒服服）地自杀了吗?

想来你近来不曾跌过跤？昨天我听见你大叫一声。假的，骗骗你。

愿你好好好好好好好。

米非士都非勒斯 十三

037
我是宋清如至上主义者

我不知道是什么东西，卢骚的《新哀洛绮思》（师范英文选第三册选入，这种物事（上海方言，意为东西）好教学生！以文章而论，歌德的《维特》当然好得多了），恋爱，恋爱，那种半生不熟，十八世纪式的恋爱，幼稚而夸张，无谓的sentimentalism（感伤主义），佳人+才子+无事忙热心玉成好事的朋友+扭扭捏捏不嫉妒的"哲学的"丈夫，这位丈夫，是卢骚特创的人物，篇中谁都佩服他，实际是最肉麻的一个。

你不用赌神发咒我也早相信你了，前回不过是寻晦气的心情，其实我总不怪你。

我顶讨厌中国人讲外国话，并不因为我是个国粹主义者，如果一个人能够讲外国话，讲得比他的本国话更好的话，那么他尽有理由讲外国话，否则不用献丑为是。

好人，我永远不对你失望，你也不要失望自己。

你希望你不要用女人写的信纸。

我以为理发匠非用女人不可，有许多理发匠太可怕，恶心的手摸到脸上，还要碰着嘴唇，叫你尝味它的味道。嘴里的气味扑向你鼻孔里，使人非停止呼吸不可。中国人喜欢捶背狠命扒耳朵，真是被虐待狂。

伤风好了没有？你真太娇弱。

我不笑，不是不快活，无缘无故笑，岂不是发疯。

后天星期日。

接到你的信，真快活，风和日暖，令人愿意永远活下去。世上一切算得什么，只要有你。

我是，我是宋清如至上主义者。

人去楼空，从此听不到"爱人呀，还不回来呀"的歌声。

愿你好。

Sir Galahad

P.S. 我待你好

038
回答我几个问题

回答我几个问题：

我与小猫哪个好？

我与宋清如哪个好？

我与一切哪个好？

如果你回答我比小猫比宋清如比一切好，那么我以后将不写信给你。

我要不要认得你？

小猫要不要认得你？

小猫要不要认得我？

说起来很惭愧昨夜我做梦

梦里我总是英雄而且比醒的时候多情得多

因为英雄自古必多情

醒时不过是阿Q的兄弟阿R

自然只好不多情了

想想看多么好笑

我不给你信

你就会干死枯死

那么我即使不爱你也只得爱你了

好

后天晚上同你捷克斯拉夫京城里看电影去

039
你也许将是我唯一的女友

清如：

你的几句话狠狠激怒了我。什么是普通的祝福，什么是不普通的祝福，我不甚清楚，说你待我好的话，不过是因为我在这里很寂寞，谁也不待我好，只你肯频频给信我，故心理上觉得你待我顶好，我不可以这样想吗？凡你对我说过的话，我总相信；不曾说过的，我不想知道也不欲妄测。既然你告诉我了，我知道了而且相信。本来我没有要在你心上占据"特殊"地位的野心，就是你当不当我朋友也满不在乎；我对于你的态度虽似狂妄一些，好像如你所想，不应该这样热烈似的。但我确信我的爱你并没有逾乎一个朋友的爱的界限；也许别人对于朋友的见解不过是普通的泛常的来往应酬，那我就不知道了。我说话常时（意为有时）是放肆一些，即使是在给女朋友的信中，会待好待好地招人疑忌。其实那些话在我倒并不觉得一定是向异性献媚求媚的话。即是普通的朋友，也尽有可以爱的理由，只要别缠到歪处去。我不甚愿和女性交际（如我是女子，我也不甚愿和男性交际），更不愿与任何一女子发生友谊之外的关系。你将永远是我少数的几个女友中之一，也许将是我唯一的女友，不知道你能不能相信我？但你并不待我好，故朋友云者，也不过是我一方面而言。至于我在于你，不过是一个认识人而已，是不是？

愿你好。

朱朱　六日晨起

040
我猜想你一定想念我

朋友：

今天你也显出你的弱点来了。我还以为你真是"寡情"的，然而寡情的人是应该无爱亦无恨的，那么发狠做什么。

你骂我，我会嬉皮涎脸向你笑；你捶我，虽然鸡肋不足以当尊拳，但你的小拳头估量起来力气也无多，不至于吃不消；你要看我气得呕血，也许我反会快乐得流眼泪。我猜想你一定想念我，否则该已忘了我（已经四五十年不通信了呢，把一天当作三年计算）。我早已对你说过我向你说的是谎话，因此你不该现在才知道。你不要我怜悯，我偏要怜悯你，小宝贝怎么好让你枯死渴死萎死呢？天那么暖，冰冻死是暂时不会的。

一个人只被人家当作淡烟一样看待，想想看也真乏味得很，我倒愿做一把烈火把你烧死了呢。做人如此无聊，令人不高兴写信。

寄奉图画杂志两本，并内附图画数幅，亦小殷勤之类。你如嫌嘴酸，不要骂我也罢，如嫌手痛，不要捶我也罢，如怕自己心痛，不要看我呕血也罢。

老鼠 （因不及小猫故名）

041
不要绝交好不好

老弟：

我的意像，

腐烂的花，腐烂的影子，

一个像哭的微笑，

说不清的一些乱七八糟的梦，

加上一张你的负气的面孔，

构成一幅无比拙劣的图画。

说绝交在理论上完全赞成，事实上能不能实行是一个问题，因为如果单是面子上装做绝交，大家不通信不见面，这是很容易的，但能不能从心理上绝交呢？至少我没有要下这一个决心的意思。你的没用你的可怜的怯弱除了你自己以外就我知道得最清楚，大英雄无可无不可，决不会像你那样倔强好胜的。我是怎样一种人你也大部分都知道，有些地方和你很相近，也有些地方和你不同，要是你以为我是个了不得的人，当然你不敢称我做孩子的。如果我们不想以幻像自欺自慰，那么要获得一个比真相更美的印像是不必的。我不知道你会不会有一天要讨厌我起来，但我可以断定的是我决不会讨厌你，你完全中我的意，这不是说我只看见你好的一方面而忽视了不好的一方面，实在我知道你不好的地方太多了，有些地方简直跟我的趣味相反，但如果你的好处只能使我低头膜拜的话，你的不好处却使我发生亲切的同情，如果你是一个完美的人，我将永远不敢称你做朋友。三分之二的不好加上三分之一的好，这样而成的一个印象对于我觉得是无比的美妙，因为她不缺乏使我赞美之点，同时是非常可以同情的，如果把这印像再修得好一些，反而会破坏她的可爱，因为她将使我觉得高不可及了。

我所说的你的不好处不过是以客观的标准而评定，在我主观的眼中，那么它们是完全可爱完全好的。

因此我说，不要绝交好不好？

十日午后

042
你的唯一的你的永远的……

爱人：

用了两天工夫给或友（某位朋友）写了一封英文的情书，计长五六大页。告诉你，这是一件登天的工作。要是有人问起我来："你善于踢足球呢，还是善于写情书？"我一定说，"比较说起来，我还是善于踢足球。"

世上最无聊的事便是写情书，如果有写之之必要的话，最好像圣诞卡片一样，由出版家请人设计一些现成的情书，或者由诗人们写上一些丁香玫瑰夜莺的诗句，附上些花啊月啊，邱匹德之类的图案，印好之后发卖，寄信者只要填上姓名就好了。因为就是信的开端的称呼，如亲爱的挚爱的热爱的疼爱的宠爱的眷爱的……小麻雀小松鼠小天使小猪猡……以及末尾的自称，你的忠实的你的唯一的你的永远的……等等，都已印好，这样就非常方便，横竖如果对方是聪明的话，早知道这些不过是顽意儿罢了。

可怜的就是那些天真的男女们，总以为人家写信给他的信所说的是真话，或者自以为自己所写的是真话。一个人没有理由相信他自己，正如他没有理由相信人家一样。

（以下七十五字检查抽去）

……

祝你发福。你不要我来看你是不是？我待你好。

043
你愿意我在什么时候来看你

……

你怕不怕肉麻？如果不怕肉麻，我便把一切肉麻的称呼用来称呼你。

……

我相信我将不能认识你，因为现在我确已完全忘记你的面貌，下回得再把你看得仔细些记得牢些。你愿意我在什么时候来看你？今天下午？大后天？下一个月？明年？还是一百年之后？我真疼你疼你，希望没有大狼会来驮了你去。

你说我们将来会如何结局？还是我不要了你，你不要了我，大家自然而然地彼此冷淡下去，还是永久跟现在一样要好，或是有什么其他的变化？我相信将来也许你会被我杀死也说不定。照你想来，如果我们在一块儿生活，会不会是一件很可怕的事？

我觉得我很"滑稽"（这滑稽两字不是说富于幽默，善诙谐之意，而是一种莫名其妙但也并非莫名其妙的状态），我把自己十分看轻，这是一件很可怜的事，自命不凡固然讨厌，但自己看轻自己则更没出息，如之何？

总之你是非常好非常好的，我活了二十多岁，对于人生的探讨的结果，就只有这一句结论，其他的一切都否定了。

当然我爱你。

综合牛津字典　十三

注意：如果你不喜欢这封信，当然你可以假定这不是写给你的，而且我也可以否认这是我写的。

044
我真的非常想要看看你

……

天如愿地冷了，不是吗？

我一定不笑你，因为我没有资格笑你。我们都是世上多余的人，但至少我们对彼此都是世上最重要的人。

我一天一天明白你的平凡，同时却一天一天愈更深切地爱你。

你如照镜子，你不会看得见你特别好的所在，但你如走进我的心里来时，你一定能知道自己是怎样好法（这是一个很古怪的说法，不是？）。

切不要惶恐，都有魔鬼作主。

我真的非常想要看看你，怎么办？你一定要非常爱你自己，不要让她消瘦，否则我不依，我相信你是个乖。

Lucifer

Letter

好的情书都不长，
但恋人间的通信却很频繁，
就像灌木丛不可能参天，
却能生得漫山遍野。
在艰难的岁月里，他们彼此倾诉，
彼此依赖，彼此扶持，聊人生，聊彼此的哀愁。

045
我不要损害你神圣的快乐

清如：

我知道你不爱见我，但不曾想到你要逃避我，我只是你一个平常的朋友，没有要使你不安或怅惘的理由。见一见你，我认为或者是尚可容许的我的仅余的权利，当然我也辨不出是悲是喜，但我总不能抑制着不来看你，即使自己也知道是多事。倘使我的必须是被剥夺去一切生人的乐趣，永远流放在沙漠中的命运，必须永远不再看见一面亲爱的人，那么我等候你的吩咐，我希望那会使你不感到不安。

我不要休息，也不能休息。有钱的人，休息的意义是享福，可以把身体养得胖些；对于我们这种准无产阶级者，休息的意义是受难，也许是挨饿。我相信我更需要的是一点鼓舞，一点给人勇气的希望。我太缺少一切少年人应该有的热情。

在你母亲的身旁，不要想到我，我不要损害你神圣的快乐。

为你祝福。

朱　十九

046
你仍肯为我祈祷吗

清如：

读到你信，我已决定不走动了，其实心情也懒散得很，蛰着吧，蛰着吧。人不大有气力，昨天用你的诗意写一首词，近来真一点诗思都没有：

不道飘零成久别／卿似秋风，侬似萧萧叶／叶落寒阶生暗泣／秋风一去无消息

倘有悲秋寒蜻蝶／飞到天涯，为向那人说／别泪倘随归思绝／他乡梦好休相忆

律诗首二句须对调，方合律。花细细可改花碎碎，此联佳。几头娇鸟句俚。全诗甚女儿气。绝句第一首可。第二首第三句不合律，末句庸劣。

我有些悲哀，是茫茫生世之感，觉得全然是多余的生存着，对谁都没有用处。挺着活吧。

你仍肯为我祈祷吗？你待我好的，不是？

愿你快乐！

朱　二日下午

047
你没有资格叫我弟弟

小弟弟：

你才真傻，我又不问你爱不爱我，不过嚷嚷而已，其实你自己早对我说过了，我何必再问你？这正和我说我爱你一样，都不过是随口唱的山歌。而且你如真爱我，那你一定是个大傻子。（其实你不许我问你是你的自由，我问你也是我的自由，是不是？）

我已有充分的证据证实你生于民国元年岁次壬子，西历一千九百十二年，跟我同年岁，但我比你长三个多月的样子（实际宋清茹出生于1911年7月13日，比朱生豪大半岁许，这里是朱生豪故意和宋清茹拌嘴），这是毫无疑义的。说诳即使说得不合情理，至少不要自己露出马脚来才是，你有什么资格叫我弟弟？

我说你解除婚约一回事真不聪明，我承认一切都没有意思，代定婚姻，自由恋爱，以及独身主义三件事的价值同样等于零，因此何不一切随其自然？毕竟你还有点革命精神，不够做一个哲学家（比较起来，我觉得代定婚姻比自由恋爱好些，假如那父母是真有识见而真爱儿女的话，而且即使结果不美满，也可以归咎别人，不似自己上了自己当的有苦说不出）。

我不愿说吴大姐（朱生豪的大学同学）甚么坏话，其实她也没有什么不好，除了太女人气一点，我总没有法子使她了解我，你瞧我如不向她提说你，她便会猜疑我对她不忠实，我如向她提说你，说你很有趣很可爱，她又要生气不快活。当初我什么心腹话都给她说，我对你有好感第一个便告诉她，她说："可笑！"那时我便伤透了心，我懂不出为什么她跟我做朋友便不可笑，而我跟别人做朋友便可笑。后来我知道她宁愿我瞒着她跟人家好而她自己假装不知道，这种态度虽也值得矜怜，但和我的主义太不合了。假如现在有一个人和你发生了很热烈的感情，初知道时我也许有点不快，但如你把他介绍给我以后，我也一定会和他成为好朋友，因为如果我爱你，你爱他，那么照逻辑推下去，我也一定得爱你所爱的人。我跟吴大姐有一个共通的朋友，他比我先跟她有交情，因为他是一个很忠厚而有道德（不像我一样轻狂）的人，已娶了妻子，因此不曾和她走上所谓恋爱的阶段。后来他对我的感情比对她的感情还好，但直到现在他对她都是一样的热情。当初我们三个人都说过彼此以同性朋友看待，我总不以为我跟你交朋友和跟郑天然任铭善交朋友或她跟陈敏学交朋友有什么不同，但这种思想也许只是傻子才会有，她不是傻子，因此不能懂我。说起来很奇怪，在我和她第一年同学的时候，彼此还根本说不上有甚么交情，但已经常有人对我说，"吴大姐很爱你哩，"我当时不过以为人家开我的玩笑，其实我总觉得她不够爱我，她很难得给我说推心布腹的话，一切总是讳莫如深的样子，又常常要生我的气，我知道她是爱我的（现在她一定不肯承认），但那种爱很不能惬合我的心理，因为我要的是绝对没有猜疑的那种交情。

也许我十四下午仍会来杭州。我待你好。

阿弥陀佛

048
我愿意努力着，只要你不弃绝我

清如：

凄惶地上了火车，殊有死生契阔之悲，这次，怕真是最后一次来之江了。颇思沉浸六个钟头的征途于悲哀里，但旋即为车厢内的嘈杂所乱，而只剩得一个徒然的空虚之怅惘了。八点多钟回到亭子间里，人平安。

你会不会以为我这次又是多事的无聊？我愧不能带给你一点美好的或物，并不能使自己符合你的期望。每次给你看的一个寒伧的灵魂，我实不能不悲哀自己的无望。我没有创造一个新运命的勇气，不，志愿，又不能甘心于忍耐。正同你说的，我惟薪速死，但苦无死法，人生大可悲观。人云，难得糊涂，虽糊涂的骨子里实具有危险，我苦于不能糊涂。

　　但只你我的友情存在一天，我便愿意生活一天。如果我有时快乐，那只是你美丽的光辉之返照。我不能设想有一天我会失去你，那是卑劣的患得患失的心理，我知道。我相当的爱我每一个朋友以及熟识的人，可能的话，我也愿爱人生和举世一切的人，但我是绝对的爱你，我相信。我希望这不是一个盲目的冲动，我该不能再受感情的欺骗了。

　　这次给我一个极度美丽的记忆，我不能不向你致无量感激敬爱之忱。我害怕我终不会成为你的一个真的好朋友，因我是一个不好的人，但我愿意努力着，只要你不弃绝我。

　　谁知道我们以后还会不会会见了！哀泣着的是这一个失去了春天的心。春天虽然去了，还能让它做着春天的梦吗？虽然是远隔着，在梦里我不愿离开你，永远。

　　愿你真的快乐，好人！

朱　十八夜

049
我和你在一起时更活泼

好人：

挨过了一个无聊的聚餐，回到斗室剥去衣裳（我不想对你讲究无聊的礼貌，一定衣冠端正而写信），便在纸上写上了好人两个字，这光景正像受了委屈的孩子扑到娘怀里便哇的一声哭起来一样，除了这我也想不出什么安慰自己的办法了。

委屈是并没有什么委屈，不过觉得乏味得很，跟别人在一起的时候，我总是格外厌世的。今晚是本级在上海的同学欢送陈尧圣出国，虽然都是老同学，我却觉得说不出的生疏；坐在那里，尽可能地一言不发，如果别人问我什么，便用最简短的字句回答，能用点头摇头或笑笑代替则以之代替。我总想不出人为什么要讲那些毫无意义毫无必要的"你好"、"忙不"、"放假了没有"、"几时来拜访"、"不敢当，请过来玩玩"一类的话。

只有你好像和所有的人完全不同，也许你不会知道，我和你在一起时较之和别人在一起时要活泼得多。与举世绝缘的我，只有你能在我身上引起感应。

……

建筑月刊从最近期定起，计洋五元六角，定单上的5字写得不大容易辨认，故再写一笔，免得查问。

我爱你永远爱不完，愿蚊子不要叮你。

朱 廿七

050
因为比你好，即是不好

二姊已经睡得好好的了，小弟刚看卓别麟回来，胡闹得有趣。

雁歌暝归霞	楼凤惨瘝残	屏墨香尘老	轻灯舞往还
宿酒愁难却	旅尘染鬓寒	临江慵写黛	病却盼花残
素缕委尘白	软绡染水红	春归絮舞苦	花老燕飞慵
千里无情月	尚临别梦明	断魂残酒后	掩泪倚青灯

——拼字集句成四首

这玩意儿是我发明的，即是把一些诗词抄在纸上，然后一个一个字剪下来，随意把名字拼凑成一些不同的诗句，如上例。很费心思，你一定不耐烦试。然而我待你好。

廿八夜　爱丽儿

我想要是世上有一个人，比你更要好得多，而且比你更爱我，那么我一定会忘了你的。不过那是谎话，如果真有那样一个人，我一定要诅咒那人，因为比你好，即是不好。而且我为什么要人爱我呢？你倘不待我好我一样待你好，除了你之外，我不许任何人待我好，但你待不待我好全随你便。

如果我忘了你，你会不会"略为有一点"伤心呢？我知道你一定会说"绝不！"为着这缘故，我更不肯忘了你，因为一个人如被人遗忘了而一点不伤心，这表示那忘记她的人对她不值一个大，这是何等的侮辱呢。

莫名其妙的，日常我觉得我很难看，今天却美了一些。

你的鼻子有些笨相，太大一点，你试照照镜子看，你的眼睛最美，那么清澈而聪明，眉毛的表情也可爱。脸孔的全部轮廓，在沉静和愠怒时最好看，笑起来时，却有些凄惶相。是不是胡说呢？你的手跟你写的字一样太不文雅，不过仍然是女性的，令人怜疼，想要吻吻它们。

廿九晨

051
比宋再好的人，我想是没有了

宋：

信不知怎样写法。有时我常惭愧我自己，也会觉得我不配作你的朋友，有时。

我本来不算生病，人照常好。我想我并不太苦，也许有点太幸福，我想。

在这世上，比宋再好的人，我想是没有了。

今天不放假也好。天仍是阴，心里仍是闷。但无论如何，我算在友情里（可不可以说你的？）找到了活在世上的意义，寂寞实在是够人耐的。让我永远想望那一点天外的星光过活，纵便看不见他，在梦里我要给他无数吻。

我们人类的感觉，许多是在自己的感觉里夸张了的，我们正也需要这类的夸张。

愿你有一切的快乐，我是你的。

朋友　五日

052
我真的爱你，如同我应该爱你一样

好人：

你简直是残忍，一天难挨过似一天，今天我卜过仍不会有你的信来。我渴想拥抱你，对你说一千句温柔的蠢话，然这样的话只能在纸上我才能好意思写写，即使在想像中我见了你也将羞愧而低头，你是如此可爱而残忍。

我决定这封信以情书开头，因此就有如上的话，但这写法于我不大合适，虽则我是真的爱你，如同我应该爱你一样。

如果到三十岁我还是这样没出息，我真非自杀不可。所谓有出息不是指赚三百块钱一月，有地位有名声这些。常常听到人赞叹地或感慨地说，"什么人什么人现在很得法了"，我就不肚热那种得法，我只要能自己觉得自己并不无聊就够了。像现在这样子，真令人丧气。读书时代自己还有点自信和骄矜，而今这些都没有了，自己讨厌自己的平凡卑俗，正和讨厌别人的平凡卑俗一样，趣味也变低级了，感觉也变滞钝了。从前可以凭着半生不熟的英文读最艰涩的 Browning（勃郎宁）的长诗，而得到无限的感奋，现在见了诗就头痛，反之有时看到了那些又傻又蠢气的电影，倒要流流眼泪，那时我便要骂我自己，"你看看你这个无聊的家伙，有什么好使你感动的呢，那些无灵魂的机械式的表演？"真的我并不曾感动，然而我却感动了。一个人可以和妻子离婚，但永远不能和自己脱离关系，我是多么讨厌和这个无聊的东西天天住在一个躯壳里！如果我想逃到你的身边，他仍然紧跟着我，因此我甚至不敢来看你，因为不愿带着他来看你。我多么想回到我们在一处作诗（不管是多么幼稚）的"古时候"，我一生中只有那一年是真的快乐，真的满足，满足自己也满足世界，除了太过渺茫了的我的童年，那还是太古以前的事，几乎是不复能记忆的了。

你知道火炉会使人脸孔变惨白，但你不知道人即使在火炉旁也会冻死的，如果有人不理他。杭州已下雪了，这里只有雨，那种把人灵魂沾满了泥泞的雨。冬天唯一的好处是没有臭虫，夜里可以做梦，虽然我的梦也生了锈了。

寄与你一切的思慕。

朱儿

053
希望你来看我

清如仁姐大人芳鉴：

我希望你能再稍为待我好一些，这对我本无关系，因为我是个死人，随人家怎样待我都是一样，所以如此希望你者，不过为着你良心上的安宁起见而已，将来末日审判的时候，也庶几可以无疚于圣父圣子圣灵之前。

举今天的事情来说，我抱着万一的希望奔到了汽车站，迟了七步半，废然而归，本来希望只是万一，因此失望也只是万一，所有的损失，也不过是半身臭汗、一顿中饭、二角车钱、三刻钟迟到而已，但告诉了你，你岂不要不安乎？

你瞧，你如不希望我来看你，就不该告诉我时刻，告诉我时刻，就表示你的不希望我来看你并无诚意，此足下之一不该也；你如不愿见我，就不该特地从上海过有心逗我气恼，此足下之二不该也；你应该早一点发信或再迟一点发信，偏偏要把信在这尴尬的时间寄到我手里，此足下之三不该也；如果你不希望我来看你，就应该在信上写明"希望你来看我"，那么我为着要给你吃一次瘪起见，一定会不来看你，计不出此，此足下之四不该也。有此四不该，虽欲不打手心，不可得矣。

希望你快快爱上了一个人，让那个人欺负你，如同你欺负我一样。

小弟朱生敬启　十六

而且即使你是宋清如，也不应该把地址写成地趾。

寄来的女人照片，我绝对不认识是谁。

054
只念你，像生着病

清如：

我心里很悒郁很悒郁。你的信来了，拿在手里，心微微的痛。读了之后，更懊恼得说不出话来。我已写过两封信，寄在栏杆桥。现在写信，又忘记了你常熟的地址号数，得还家翻了出来才能付寄。心真急，话，今天说了要隔天才能听到，已不痛快。回音，又有得等的。冬天的日子也是这样长。这里，有的是把冷淡当作友谊的"好朋友"。我，没有话说，只念你，像生着病。我心里很悒郁很悒郁。不要失约，好人！我把一天当一年过，等候着你。我不能让你在我身边闪过，我要望着你，拉住你，相信不是在梦里。天！我愿意烧，愿意热烈，愿意做一把火，一下子把生命烧尽。我不能在地窖里喊忍耐，一切是灰色得难受，灰色得难受。死，也要像天雷砸顶那么似的死，火山轰炸那么似的死，终不能让寂寞寸衷我的灵魂，心一点一点地冻成冰。我怕冷。愿你好。如果我不是这样不自由，我将飞到随便什么地方来看你。说不尽的心里的一切。

朱　十九下午

055
你走了一个礼拜了

宋：

孺慕这两个字也许用得很不适当，但没有别的名词比这更好地道出我对你的怀念，那不能是相思，一定是孺慕。

你走了一礼拜了，仿佛经过了好几月，前夜写了封信，却不曾发出。话是没有什么可说，只告诉你我虽不快活，也不比一向更不快活，日子尚不至于到不能挨过的地步。其次你到家后还未有信给我，已经在望了。我不要你怎样费工夫给我写信，只草草告诉我安好就是。我只盼快点放假回家，虽然也不会有甚么趣味，或者到杭州望望铭善去。

以全心祝你快乐健康。

朱　廿三

假如有人问我烦忧的缘故，

我不敢说出你的名字。

056
抄一本诗集作礼物送给你

哥儿：

不动笔则已，一动笔总是sentimental（感伤的），我很讨厌我自己。

几天暖得像大好的春天，今天突冷，飘雪。

真想着你啊，还有好多天呢。

有人说我："说着想念你啊想念你啊的一类人，都是顶容易忘记人的。"我不知道自己究是不是那种人，容不容易忘记人现在也没有事实为自己证明。但如是那样能热热烈烈地恋，也能干干净净地忘却，或比不痛不痒的葛藤式的交情好些吧？作文章，写诗，我都是信笔挥洒，不耐烦烦琢细磨的人；勾心斗角的游戏，也总是拜人下风的。

该有信给我了，你允许我的。

一本《古梦集》，抄得你梦想不到的漂亮，快完工了，作礼物送给你，至少也值得一个kiss。

真愿听一听见你的声音啊。埋在这样的监狱里，也真连半个探监的人都没有，太伤心了。这次倘不能看见你，准活不了。

哥儿是用不到我祝福的，因哥儿的本身即是祝福，是我的欢乐与哀愁的光明。

朱　2/2下午

057
等我讨老婆时，你一定会来

清如：

我四日回家去，七日回上海，假使你在那几天里动身，肯到我家里来当然很好。不过我不盼，因为已知道我们彼此的运命是成十字形的，等我在嘉兴的时候，你又会打上海转了。我已不希望再看见你，除非如你所说的，等我讨老婆的时候，你一定会来（虽然你的话也未必作得准），然而为要看见你而讨起老婆来，这终好像有点笑话，而且很不合算，倘使看见你一次了还不够，那么须得把老婆离了再娶过，岂不滑稽？最好还是娶你做老婆，你看怎样？——别怕，我不要向你求婚，但我有了一个灵感，说，你如果到四十岁还嫁不出去，我一定跟你结婚，好不好？如果我到那时还没有死（你也没有死），一定要安安静静地活下去了，现在是只有烦心，娶了妻子会烦死。

你嫁人时候我一定不来吃喜酒，因为我会脸红。喜酒最不好吃，我宁愿两人对酌，吃花生米喝淡酒（最好是甜酒），可以十杯廿杯尽喝下去，一喝就醉太无意思。

总之前途瞻望甚黯淡，绝对悲观，还是求上帝许我多梦见你几次吧。

祝好。

绝望者

058
似乎我生命中只有"我想念你"

二哥：

我写不出信，真要命，你教我写些什么话。

Proud word you never spoke，but you will speak

4 not exempt from pride some future day.

Resting on one white hand a warm wet cheek

Over my open volume you will say，

"This man loved me!" Then rise & trip away.

简直没办法，想什么地方抄一点写写，又没有抄处，否则真不必自讨苦吃硬要写信，可是不写信我又怎么睡得着。

我一天想你到夜，我不愿不想你，一定要想你，你真可爱可爱。信怎样写呢？

我真是那么痴望着看见你，永远是那么渴着，像一个渴慕太阳的红人。

要是此刻看见你，我将要怎样贪婪地注视着你哩。还能够一同到云栖等处走走吗？

我想念你，似乎我生命中只有这几个字，我想念你想念你你你。

几时能看见你？无可奈何地祝你好，信等于不曾写，你不要憎嫌我。

朱

059
我盼望看见你，就是不说话也好

亲爱的朋友：

今天才回上海，你一日发的信在我去后到，今天才看见，希望你眼皮上的东西已没有了。你真是苦恼子相，要不要我疼你？

已经决定今夜不写信了，可是不写总不成功，在家里，则想写想写总写不出什么话来，除了我爱你。

告诉我谁骂你是滑头，当然也许他也有他的理由，但有人说你是最甜也是最可信赖的好人，你承认不承认？（那个"有人"便是我。）

写信总是那么写不痛快，我真是盼望看见你，就是不说一句话也好。顶好是有五六天样子在一起盘桓，然后再分别。过分的幸福反而不好的，因此我不敢盼望不别的永聚，只要别得不太久远，聚得不太匆促，那么生活也就很可满足了。

生命是全然的浪费，用一个两个钟头写一封无关重要的信，能够邀得心心相印者的善情的读诵，总算是最有意义的事了。

感爱思慕的话是无从诉说的，但愿你好，康健，快乐，有一切福。

朱　八日

几时离家？

060
生气

清如：

快用两句骗小孩子的话哄哄我，否则我真要哭了，一点乐趣都没有，一点希望都没有。今天本想听concert（即音乐会）去，害怕听不懂，对着那种高贵的音乐一定会自惭形秽，也许要打瞌铳，因此不曾去。你为什么不同我到云栖走走去？看了半张《倾国倾城》的影片，西席地米尔这老头子真该死，可以为他鸣起葬钟来了，表演的没精神，庸劣到无可复加的地步，布景的宏丽，浪费而已，偏有人会称赞它是莎翁的悲剧，该撒安东尼都是一副美国人相，可想而知了。总之一切令人生气，走到杂志公司里，翻到了一本《当代诗刊》，看见了老兄的大作，也有点不高兴。回来头里发昏，今天用去两块半钱。几时我想把桌上的书全搬掉了，对于学问文艺，我已全无兴趣。人家说，原来老兄研究诗歌，一本本都是poems（诗），滚他妈妈的，我不知把它们买来做甚么，再无聊没有了。

一个心地天真读政治经济的朋友，却有了进入文坛的野心，半块钱一千字的卖给人家，其实他的能力很不高，但没有自知之明，失业，生活都过不去，却慷慨激昂地说："他们有钱，坐汽车，住洋房，浑天糊涂，死了之后，哼哼，谁还记得他们。看，巴尔扎克、莎士比亚、爱伦坡（每回他要向我特别称赞这位美国小说家诗人），死去了多少年，他们的著作留在世上，大名永垂不朽。"谢谢上帝，我不想身后名，汽车洋房，在我看来也不是怎样了不得的有趣，还是让我在一个静悄悄的所在，安安静静地死去吧。

昨天为郑天然到商务里买一本钟先生的《中国哲学史》（又要我挖出两块钱），他们问我什么人做的，我说钟泰，他们说什么钟泰，没有，中国哲学史只有冯友兰的，我翻图书目录点给他们看才去找了来，岂不伤心？回来自己翻了翻，实在也看不下去，住在市侩社会里一些时，这种东西读上去真太玄腐了。这些学者们独善其身，和人群隔得那么远远的，做着孔孟之道的梦，真也有点可笑。秦始皇是快人，可惜他的火等于白烧。

上海批评电影的人有硬派软派，上海的文坛也有近乎如此的分别，实际即是现代和文学，施蛰存和傅东华的对立，后者自以为意识准确，抓住时代，施蛰存现在和叶灵风何家槐一批人都是typical（典型）的海派作家了。这一个圈子里实在也毫无出路（虽则有许多人是找不到进路），中国不会产生甚么大的文学家艺术家，从古以来多如此，事实上还是因为中国人太不浪漫，务实际到心理卑琐的地步的缘故，因此情感与想像，两俱缺乏。

（此处有缺失……）

我很不好，为什么你高兴和我做朋友？你也不好，全然不好，我知道，但我爱你，为什么你不同我玩呢？

兴登堡将军

061
心中的轻愁

清如：

在刚从严寒中挣扎出来，有温暖而明朗感的悦意而又恼人的天气，在凄寂的他乡，无聊的环境里，心里有的是无可奈何的轻愁，不知要想些什么才好，只是惓惓地记忆着一个不在身边的，世间最可爱的朋友，当我铺纸握笔的时候，应该是有一些动人的话好说的，然而我能说些什么呢？

我无法安排我自己的时间，想定定心在公余做一些自己的工作，不能；随便读些书，也是有心没绪的。心里永是那么焦躁不宁。如果不是那样饥渴地想忆着你，像沉舟者在海中拼命攀住一根漂浮的桅杆一样，我的思想一定会转入无底绝望而黑暗的深渊，我觉得我的生命好像不是属于自己的，非自己所能把握。

要是此时我能赶来看看你，该是多么快活！我说如果我们能有一天同住在一个地方的话，固然最好相距得不要太远，但也不必过近，在风雨的下午或星月的黄昏走那么一段充满着希望的欢悦的路，可以使彼此的会面更有意思一些。如果见面太容易，反而减杀了趣味，你说是不是？如果真有那一天就好了！别离有时是太难排遣的。

廿九·夜

062
渴望和你打架

宋：

你前儿那封信里说的话一通也不通，懒得驳你了。世上没有什么人会爱你，因此只好自己骗骗自己说恋爱是傻了。顶聪明的人都是爱寻烦恼的，不寻烦恼，这一生一世怎么度过去？理学先生都有说不得的苦衷。活人总是常戚戚的，死人才坦荡荡。

我渴望和你打架，也渴望抱抱你。

你这恼杀人的小鬼。不要因为我不爱你而心里气苦。

　　　　　　　　　　　　　　　　　　　岳飞　三月二日

你很苦，真是，谁也不疼你，快钻到被头里去哭吧。

三等无轨电车里两个女人打架，今天总算得到了点 thrilling（令人兴奋的事），女人打架，照例我总是同情比较好看一点的那个，事实是女人跟女人相打，总是彼此毫无理由的多，要判断谁曲谁直，永远是不可能的。

天实在太暖了，趁着好的太阳光，多走走路吧，不要闷着等死，你如要等死，死便不肯来的。

063
梦见你被老虎吃了，把我哭死

清如：

今晚编辑所同人钱别某大编辑进京得意，敝人车钱尚要向人设法，此信的邮票，当然也无着落，明天如仍无希望，则脸孔非得拉到丈二长不可。你的那包糖今天要在邮局里过第四夜了。昨天接到寄来包裹通知，因为不知是那块来的什么东西，很不放在心上，今天去拿，回头（上海方言，意思是"答复、回答"）得向四川路总局领去，明天只得央人去拿，以后望写明提篮桥支局为盼。

这两天真是什么心思都没有，一点书也看不进，只是想你想你想你想你想你。昨夜梦见你被老虎吃了，把我哭死。

想不出什么话，而且要跑出去了。我待你好。

和尚　十

064
以后不许生病了

好孩子：

不会哭吧？我很急，真想跑来瞧瞧你。天十分暖了起来，其实上课堂也要打瞌铳，乐得躺在床上看看云吧。希望快好起来，耶稣保佑你，即便没有什么痛苦，我也是不能放心的。

想不出一个好故事可以讲给你听。"黄鹂"那首写得很可爱，你总是那么可爱。我想写一首诗给你，可不知道写不写得出。歌人一天一天的拙劣了。

春天，我不忆杭州，只忆你，和振弟，他比你寂寞，也许比我还寂寞，他是永不把心开放给别人的人。

我给你念祷告，希望这信到时你已经好了。愿你安静！春天否则是会觉得太短的，生生病，也许会长一些。但是心里高高兴兴，什么时候都是春天，所以还是快些好起来吧！好好珍重，以后不许生病了。再写。

朱朱　十九夜

065
出卖安慰

孩子：

你不来，不是我又要生气了吗？事实是你不愿来看我，我知道你不过说说而已，因此这回并不怎样希望着。

朋友这称谓不很好，当我乘电车的时候，卖票的揩油，他也说，朋友，对不起。为着表示感情起见，最好称好友。

告诉你，活着全然是多事，既然活着根本就是多事了，因此有时索性不必怕多事，把一生这么闹一下子也好。

我们没有春假，但我要回家去，好像告诉过你了？也许不曾，我的弟弟讨老婆。

我这里出卖安慰，买一送一，无奈生意萧条，你如肯惠顾，无任欢迎，不过货色有些发霉，为尊重商业道德起见，先行通告，

"一死尚怜———，多情应谢———，

"寒因———，病到———。"

愿你快乐，大概今生永不会再看见你了。

朱　廿四

066
收到你的信就像久旱逢甘雨一样

好好：

今天毫无疑问地得到了你的信，就像是久旱逢甘雨一样。

吃喜酒真非得要妈妈同着不可，难为情得一塌糊涂，今后誓不再吃（你的喜酒当然我一定不要吃），世上没有比社交酬酢更可怕的事（除了结婚而外）。

我希望你不要嫁人，如果你一定要嫁人的话，我希望你不要嫁像我这种男人（如果我也可以算是男人的话），要是你一定要嫁像我这种男人呢，那我也不管，横竖不关我事。

我今天要到街上去，买信封信纸墨水（全是为着给你写信用的），再买几本小说看。你有没有看过杜思退益夫斯基（现译为陀思妥耶夫斯基）的《被侮辱与被损害的》？如果商务廉价部里有这本书，我可以买来给你。

　　我待你好，直到你不待我好了为止。也许你不待我好了，我仍待你好的，那要等那时再说。

　　我要吻吻你。

　　　　　　　　　　　　　　　　　　　　魔鬼的叔父　三日

第四辑

讨论诗词：诗最好是不读

Letter ♡

除了谈情说爱，
议论诗文和作品交流
也是重要内容之一，
朱是宋的教师，不时指点她一二，
这可能是当时颇为流行的恋爱形式。

067
寂寞的人不该有星期日

清如，

为什么不来信呢？不是因为气我吧？我所说过的话都是假的，你一定不要相信我。

星期日对于我往往是最不幸的一日，因为它全然是浪费而毫无用处，寂寞的人是不该有星期日的。

你现在快活吗？也许很有点倦怠是不是？你有不有点看不起我？

祝你一切的好。

无聊者　九日晚

068
灵魂的孤独无助才是寂寞

清如：

气好了吧？即使不是向我生气我也很怕。什么委屈大概你不肯向我说，虽我很愿知道。我心里很苦，很抑郁，很气而不知要气谁，很委屈而不知委屈从何而来，很寂寞，生活的孤独并非寂寞，而灵魂的孤独无助才是寂寞。我很懂得，寂寞之来，有时会因与最好的朋友相对而加甚。

实际人与他朋友之间，即使是最知己的，也隔有甚遥的途程，最多只能如日月之相望，而要走到月亮里去总不可能，因为在稀薄的大气之外，还隔着一层真空。所以一切的友谊都是徒劳的，至多只能与人由感觉而生的相当的安慰，但这安慰远非实际的，所谓爱尽是对影子的追求，而根本并无此物。人间的荒漠是具有必然性的，只有苦于感情的人才不能不持憧憬而生存。

愿你快乐，虽我的祝福也许是无力而无用的。

汝友

069
一个我在哭，另一个我在嬉笑

爱人：

"爱人"两字是随便叫叫，并不因为我爱你之故。

昨天拿了薪水，便到上海去，先是到中国国货公司买了一张礼券，随后到上海杂志公司，空手而出，终于在开明书店里买了一本《文学季刊》，回来买了各种的糖四只角子，为这心中有些得意，路上发生了两种感想：

一、在书店里，值得我化钱买的书，真是太少了。一天我去买一折七扣的书，三四角洋钱买了厚厚的五六本，计《金瓶梅》四册、《虞初新志》一册、《萤窗异草》一册。实实在在，中国书真太不能引起我的兴趣，我小说读过得太多了，秽亵的作品也看过不少，但《金瓶梅》却不曾看过，这四册，真是太干净了，原来是把本来的样子删净碍目的地方，名之为"古本"，这颇有点滑稽，既然买来原是为看看这一本中国小说的名著，不一定为要看那些那个的地方，所以这一点也就原谅了吧，读过几回之后，彻头彻脑地令人打瞌睡，毫无可取的地方，因此翻了翻就丢了。《虞初新志》，你也许也知道是一些轶事杂文的选录，著名的《板桥杂记》、《影梅庵忆语》、《小青传》等都在里面，文章有好的，也有全不足取的，没有什么大意思。《萤窗异草》是仿《聊斋志异》一类的书，文笔自然要庸劣多了，从前看过……写得不耐烦起来了，不再说下去，因此你终于不知道我的感想是什么。

我近来吃糖吃得太狠，有时我想像吃的是你的耳朵你的鼻头，这样使糖加了一重微咸的味道，因为你不会是甜的。有一种糖的包纸上印着四个Darling的字，这种糖大概患神经病和我一样。

今天下雨，放工后肚皮饿得要命，懒得哭，因此不哭了，其实要哭是很容易的，只要闭了眼睛，想：世间没人爱我，大家欺负我，我无东西吃，于是心里一苦，便哭起来了，而另一个我却在一旁嬉笑。

《文学季刊》还是三月中出版的，其中四篇论文，关于皮蓝得娄的，关于福楼拜的，关于乔治桑、巴尔扎克与左拉的，都没甚大意思，安诺德的《论诗》，原文我曾读过。小说中有托斯退夫斯基的《白痴》，可惜未完，皮蓝得娄的戏剧《亨利第四》，我不喜欢，我永远反对一切"哲理"的东西，虽然我承认大艺术家都是大思想家。创作中只有张天翼靳以两个名字是熟的，张天翼的东西，总很浮浅，少修养，靳以的《洪流》，描写得颇可以，其余是"天三"的《夜渡》最好些。散文中有一二篇很好。没有诗，很满意，我太不愿意读诗了。

我真想把自己用大斧一劈两片。

张飞

你看我苦闷得要疯，我又读了一部法国革命史。

读书有什么意思呢？你如现在停学了跟读到毕业有什么分别？

070
买了三本旧书

每夜有很好的睡眠，工作时间之外，则忙着看书，一切都似乎辽远起来，辽远起来，又宁静又柔和。昨夜做了很多的梦，似乎生活因梦而丰富起来，今天有如此之感。我看我自己做梦，自己是主演者，又是旁观者，在梦中我总知道自己在做梦，然而并不因此而削弱了梦的真实性。今晨大雨，我知道下午一定有好太阳，这几天太阳老跟雨赛跑。

我在俄国人那里买了三本旧书，每本大洋一角。一本是巴尔扎克的短篇小说，一本是马克吐温的幽默杂文，一本是S.Maughem（S.毛姆，英国现代作家）的《南海故事集》，都已看完了。Maughem是现存的英国通俗性作家，我们的文学家们似乎不大愿意提起他，不过实在中国人对他算不得生分，因为他的小说演成影片的很多。这本南海故事是以南洋群岛为背景的几篇小说，颇有梦魅的情调，像吸鸦片一样地。

刚才又洒过一阵暴雨。要是在春暮时节，看满山暴雨打落花，一定很热闹。劳伦思的小说里女主人公裸着体在大雨中淋着奔跑，很是一个理想，昨夜我在梦里也曾在雨中奔，但不曾脱去衣服。

071
我得恭维恭维你

张荃中毒太深，已无法救治，让她去吧。

我的意见是恋爱借条件而成立，剥夺了条件，便无所谓恋爱，这是皮之不存，毛将附焉的道理，因此恋爱是没有"本身"的。所谓达到情感的最高度，有何意义呢？聪明人是永不会达到情感的最高度的。究竟你仍然是一个恋爱至上论者，把它看得那么珍重。

不懂得说懂得，是现代处世唯一的吹牛要诀，未读过经济学ABC的侈谈马克思《资本论》，不是顶出风头的人吗？五千年前孔先生的说话居然还会引用，可见你头脑陈腐。

因为你不喜欢恭维，我得恭维恭维你。你是娇小玲珑（这属于别人的批评）的富家小姐，性情既温良，人又聪明又有才干，因此不必失望，更不用痛哭流涕了。心跳两字非我妄造，因曾听你说起过，为着鲽生某次的一封信。

情书我本来不懂，后来知道凡是男人写给女人或女人写给男人的信（除了父母子女间外），统称情书，这条是《辞源》上应当补入的，免得堂堂大学生连这两字也不懂。

阮玲玉之死，足下倘毫不动心，何必辱蒙提起？她死后弟曾为她痛哭七昼夜。

假如我说，我因为知道你不喜欢恭维，而故意和你反对，借为反面讨好的手段，你将作如何感想呢？

郑天然只送过我一张画片，如果我是女人，当然非吃醋不可。

咳嗽了几天，昨天真的病了，幸而没有死，今天仍照常办公，虽然不很写意。

愿你好。

朱朱

明明是我写给你的信，却要自解为X写给Y，未免有点"Ah Q-ish"（意为阿Q精神），假如不作那样想，你会怎样生气呢，请教！

072
咳嗽一声，信纸吓了三跳

清如（规规矩矩）：

王守伟兄很有意思，叫他编年刊，他就在年刊的弁言上斥年刊的无谓，说要是把出年刊的钱化在别种有意思的事情上，一定好得多。你为什么诗刊作序，也可以这样说，说做诗是顶难为情的事情，诗人等于一只狗，要是把写诗的精神去提倡新生活，一定有意思得多。要是有钱办诗刊，宁可吃几碗豆腐浆。我请求你千万不要再说什么诗是人类灵感的最高流露一类孩子说的话了。

我咳嗽了一声，在桌上的你的信纸吓了三跳。

笑话，真是笑话，恋爱没有条件，如何能成立。条件有种种不同，以金钱美貌为条件，我以为未必便比以学问道德为条件卑鄙，after all，this is 20th century，恋爱已不是浪漫的诗意的了。为什么你要说是恋爱的外婆？你的思想总是半生不熟，既然上了台，就该大言不惭，何客气之有。After all，this is 20th century。姑娘们不屑谈恋爱，是表示神气，但如暴露自己无人与之谈恋爱，未免使人听了伤心。万一男同学们听了你的自谦，信以为真，同情你起来，预备给你经验，你岂不又要心跳？唯物论者讲实际，艺术家们讲taste（品味，爱好），唯物论的艺术家们讲灵肉一致，总之需要条件，不见得恋爱至上主义者们会恋爱一条癞皮狗。你如袒护反面，我一定得给你一顿教训。

Shall I thus wait suffocatingly for death？（意思为：我是否要这样窒息地等待死亡？）于是我读到你诗意的叙述，哎，流落四方，梦花幻灭在不同的土原上，夕阳的光辉下望着蓝空微笑死去，能作这样的想头，不也是幸福吗？我希望我在一间狭小的斗室里，人声的喧嚣中，乌烟瘴气的周围，红着眼睛，白着嘴唇，脸上一抽一搐地喘着气死去。

　　这两夜，每夜做乱梦，我实在是不爱安静地睡去的，夜静后毫无声息，我会觉得很寂寞，巴不得汽车、无线电、哭、喊、救火车的哭声尤其有趣，打牌、闹，一齐响了起来。因此我也是不喜欢无梦之睡眠，早晨无梦而醒，觉得把一夜工夫白白耗费了似的。这两夜每夜做乱梦，因此使我对睡觉有了热情，顶有趣的一个梦是在经理室里撒尿，尿桶刚放在经理的背后，完事之后大家对我看看，我有点惶愧又有点快乐。

　　当然你尽管说"我不想望你到杭州来"好了，因为即使你想望，我也是不会来的。

　　福我已经太多了，以后你得祝我长寿，我希望活一百五十岁，看你曾孙的女儿怎样和人家恋爱。

　　我的信都写得太无赖，你如不喜欢这些，我以后也可以用八行书端楷恭书吾姐安好的，虽然纸墨笔砚都得买起来。

　　总之，我知道你所用的信纸是专为写情书用的，可惜不曾再撒一些香粉在上头，至少我闻不出。信封尤其有趣，那个黑小弟弟活像你。总之这是一个人的 taste 问题。

　　完了，再向你说一声口是心非的"我爱你"。

朱朱

073
我眷恋着唯一的你

第一，我不能承认半生不熟即是中庸之道，中庸之道完全是经验，是成熟，懂得中庸之道的，都是处世已达到炉火纯青，熟透了的程度，而半生不熟则是涉世未深者的本色，所谓半生者，仅别于全然的乳臭而言。

其次，中国文化得以保存至今，完全是侥幸，从前未和西洋文化接触，因为一切天然的优势，邻近各民族都成为文化上的附庸，但西方势力一进来之后，不是就显出了岌岌可危的形势了吗？

如果你一定要让，那么我让你去让吧。

来不来要探询别人的意见，岂不无谓！高兴便来，不高兴便不来，何必管别人愿不愿。要是你来了，不是因为你乐意来看我，不过因为我希望你来的缘故，借着感情的关系硬拉人家作一次非本心的探望，有甚么快活呢。……

你当然是很好的，否则我怎会爱你？至少你是如此中我的意，使我不再希望有一个比你更好的人。你以为我这话是不是诚实的？我告诉你是的，我眷恋着唯一的你。

我不愿意你来，因为我看见女人很难为情。

074
恋爱经验和心跳程度是成反比的

清如：

昨夜又受了一夜难，今天头颈的两侧肿了起来，仍然没有死。

因为放假，在房间里躲了一天，看皇家电影画报，即使是电影杂志，英国人出的也要比美国人出的文章漂亮得多。比如说《卡尔门要不要剃掉他的小胡子》这一个卑琐的题目，也会写得颇生动。

似乎我很好辩，昨夜醒着时，专在想辩驳你的话，我想你说的"没有恋爱经验的人决不会心跳"这句话确实是异样重大的错误，很简单地反问你一句，那么富有恋爱经验的人反而会心跳吗？从未上过战场的人不会心跳，久历战场的人反会心跳吗？恋爱经验和心跳的程度是成反比例的。我告诉你，越未曾恋爱过的心越跳得厉害，它会从胸脯中一直跳出口里，因此有许多人一来便要说我爱你。固然就是我爱你也得加以审判，有的人不过是别有企图，或者不负责任地随便说说，但这些人的我爱你是空气经过嘴唇的颤动而发出的声音，并不是直接由心里跳出来的。

再论客气问题，我以为客气固然是文明社会所少不来的工具，然而客气也者，不过是礼貌上的虚伪，和实际的谦逊并不是一件东西，凡面子上越客气，骨子里越不客气，这是文明人的典型，倘使是坦率地显露自己的无能，那在古人是美德，在现代人看来是乡曲了。即孔子也说过"当仁不让"的话，因为时代的进展，目今是"当不仁亦不让"，不看见列强的竞扩军备吗？要是日本自忖蕞尔小国，不足临大敌，那么帝国的光荣何在？皇军的光荣何在？你如果还要服膺先圣之遗言，那么无疑要失去东四省的。这引申得太远了。

朋友以切磋琢磨为贵，敢以区区之意，与仁弟一商酌之。

关于半生不熟的问题，也曾作过严密的论辩，因为构思太复杂，此刻有些记不起来，暂时原谅我，因为生病的缘故。

……

我咬你的臂膊（这是钟协良的野蛮习惯之一，表示永远要好的意思，当然也是很classic（经典的），很poetic（诗意的）的）。

关于半生不熟的思想问题，我的论辩如下：

我知道你不单恋爱缺少经验，就是吃东西也缺少经验，否则不会说出半生不熟的东西人家最爱吃的话来，至少一般人和你并无同嗜。固然煮鸡要煮得嫩，但煮得嫩不就是半生不熟，最好是恰到火候，熟而不过于熟，过于熟便会老，会枯，会焦。所谓过犹不及，过即是太老，不及即是半生不熟。同样所谓思想上的调和、折衷、妥协等等，固然革命的青年们是绝对应该唾弃的，但在处世上仍然有很大的用处。调和、折衷、妥协的人都可以说是你所谓的聪明人，然而你要明白，调和、折衷、妥协并不就是半生不熟，前者完全是政策关系，或阳左此而阴就彼，或阴左此而阳就彼，运用得十分圆滑，便能两面讨好。

　　然而半生不熟是思想的本身问题，在个人方面会使自己彷徨无出路，在应付环境一方面恰恰是两面皆不讨好。后者叫以胡适之为例子，前者可以阮玲玉为例子。胡适之在以前是新思想的领袖人物，为旧人所痛恨，为新人所拥戴，总算讨好了一面；而今呢，老头子憎恶他仍旧，青年们骂他落伍，便是因为思想上不能与时俱进，成为半生不熟的缘故。阮玲玉的死，是死在社会的半生不熟和自己个人的半生不熟两重迫害之下。

　　何以谓这社会是半生不熟的？可以从活的时候逼她死，死了之后再奉她为圣母一样的事实见之。要是在完全守旧的社会里，这样一个优伶下贱，又不能从一而终，没有一个人敢会公然说她好话的；在更新的时代里，那么，第一，她不会自杀；第二，即使自杀了，社会对她的死也只有冷静的批判，而不是发疯的狂热。这种畸形的现象，当然是半生不熟的社会里才会有，然而要适应这种半生不熟的社会，却应当用调和、折衷、妥协的手段，要是再以自己的半生不熟碰上去，鲜有不危哉殆矣的。

　　何以谓阮玲玉自己是半生不熟的？我们知道她是个未受充分教育，骨子里尚承袭着旧社会中一切女子的弱点，因此是怯懦、胆小、做事不决裂、要面子，其实和第一个男子离开了以后很可以独立了，而仍然要依附于另一个铜臭之夫的怀中；同时她却比普通女子多一些人生的经验，多有在社会上活动的机会，对于妇女的本身问题不无自觉，然而她不够做一个新女性（当然怎样算是新女性是谁都模糊的，这名词不过喊喊罢了，如其说单单进工厂去做女工便成为新女性了，更是简单得有些笑话），因为她没有勇气，没有勇气的原因是自己心理上半生不熟的矛盾。因为一死表明心迹很近乎古烈士的行为，便激起了多情人们的悼惜，其实是多么孩子气得可笑啊。

这样的说法已和我本来批评你的半生不熟的原意有些出入了，但也可以当作引申，你不为你自己辩护而为半生不熟辩护，这也是失着，我不知道你究竟是不是半生不熟？

075
想你想得我口渴，因此我喝开水

其实老早倦得想睡了，可是到底发了那么半天呆。

我说，我不高兴写信了，因为写不出话来。可惜我不是未来派画家，否则把一块红的一块绿的颜色在白纸上涂涂，也好象征象征心境。

总之是一种无以名之的寂寞，一种无事可做，即有事而不想做，一切都懒，然而又不能懒到忘怀一切，心里什么都不想，而总在想着些不知道什么的什么，那样的寂寞。不是嫠妇守空房的那种寂寞，因为她们的夫君是会在梦中归来的；也不是游子他乡的寂寞，因为他们的心是在故乡生了根的；也不是无家飘零的寂寞，因为他们的生命如浮萍，而我的生命如止水；也不是死了爱人的寂寞，因为他们的心已伴着逝者而长眠了，而我的则患着失眠症；更不是英雄失志，世无知己的寂寞，因为我知道我是无用的。是所谓彷徨吧？无聊是它的名字。

吴梦窗的词，如果稍为挑几首读读的确精妙卓绝，但连读了十来首之后不由你不打呵欠，太吃力。

没有好杂志看好电影看也真是苦事，我一点不想看西席地米尔的《十字军英雄记》，左右不过又是一部大而无当的历史影片。我在盼望着董纳倾全力摄制的莎士比亚《仲夏夜之梦》，卓别林的新作，嘉宝的 Anna Karenina（根据俄国著名小说《安娜·卡列尼娜》改编成的同名影片），和自然色试验作的 Becky Sharp（根据英国作家萨克雷名作《名利场》改编的影片，Becky Sharp 是小说的女主人公）。上海不大容易看到欧洲大陆的影片，就是英国的作品也不多，从德国意国来的极少几部，都是宣传的东西，我很希望看一些法国的名制。

有点要伤风的样子，老打喷嚏。

傻瓜，我爱你。

想你想得我口渴，因此我喝开水；想得我肚皮饿了，alas（相当于"唉"），无东西吃。我愿意做梦和你打架儿，把你吃扁得喊爹爹，我顶希望看你哭。

心里不满足。祝你好。

小三麻子

076
个人主义是一种病

照片拍得很有健康美的样子，虽然总不及本人好看。

今天星期，一无消遣之方，人比死还消沉，幸亏你来了信。

我说，一个个人主义者可以克服自我而成为社会主义者，但社会主义者动摇其信仰而转成个人主义者，其以前之信仰多分是幼稚而不成熟的，热情而非理智的，所谓社会主义者一名称，也不过是自己骗骗自己罢了。个人主义是一种病，但它未始不能给人一种因自信而起的刚强。我所怀疑的是我们是否有称自己为个人主义者的资格。我对于自己只觉得是一个并不存在的人。

这种话也许很外行，因为我什么主义都不懂。

下次我们见面的时候，请你准备好一付眼泪，因为我要看你哭。

这信已写了两个半钟头，写不出了，我爱你。

077
合理的世界，只能有两个人

姊姊：

我叫你姊姊你难不难为情？

为着想你得很，我没有心思工作，先写了这封信再说。《鲁滨孙漂流记》真比莎士比亚还难翻，又没趣味又单调，又要一个个字对照着译。

这几天来我也心思很不安定，人倦得睡不醒来，也许是你传染给我的毛病。

昨夜我梦见天上有许多月亮，大的小的圆的缺的，很好看，我叫你看，你却不要看，并且硬要争辩蛾眉月的"蛾"是一种蝎子，我气得想要揎你一顿。

想来想去还是亚当夏娃最快乐，虽然逐出了伊甸园，整个世界都是属于他们的，等到第二代，该隐就要杀亚伯了，因此合理的世界，只能有两个人，不多也不少。

我希望你不要苦，要是你受了委屈，就向我出出气好了。

昨天在外面荡了一天，一点不快活，我真想吃点真好吃的东西。

星期日你是怎样过过的？

要是有那么一个好地方，我们在一起静坐半天多好。每天每天看不见你，真使我心痛。

我待你好。

淡如　十四

（我姓洪，名水，字淡如好不好？）

078
不负责任是我的一大毛病

好人：

我深信我是世上第一个龌龊臭男子（这话有点像贾宝玉，是不是？我不管），愿你不要欢喜我。

不负责任也是我的一个大毛病，但有时却是因为太……责任的缘故，而不敢负起责任来，一个人要负责任总是太吃力，你说是不是？

聪明的女子应该早早结婚，聪明的男人应该不结婚，你想得出想不出这两句话的理由？

天一晴，我又希望它立刻下雨。凡春夏天气微雨最佳，秋冬则宜晴朗。即使是要游山玩水吧，在这种欲睡的困人天气也不能有十分清新的兴致。这意见你不至于反对吧？

我待你好，明天也待你好。让我亲亲你的笨手。

079
样样事情都不如意

小姐：

样样事情都不如意，这蹩脚钢笔尖又那么不好写，一个月不知要用多少笔尖。一跑进门，孩子又把我的胶水瓶弄过了，桌子上满是胶水，狠狠地把那已被弄空了的胶水瓶掼碎了。我从来不曾喜欢过孩子，这两个孩子尤其讨厌。总之我像一头受伤的狗，今天的薪水失了望，把剩余的三十几个铜板寄出了这封信，连买糖也买不成了。因此你想你这人好不好，昨天还要寄一封欠资信来，剥削去我财产的一半！如果其中说的是我爱你一类的肉麻话，那么或者明天我还可以整天躺在床上做些粉红色的梦，好像真有了一个爱人的样子；毕竟现实是残酷的，你寄给我的只是一些鬼脸！这象征了人间无爱情，只有一些鬼脸，因此我终将看着鬼脸过此一生了。

把这信寄出之后，预备就做工，明天要做整天的工，晚上想早点睡，使精力充足一些，后天钱到手，便到外头去吃夜饭看影戏，自己请客，到十点钟回家。想想看多惨，一星期做了六十点钟工，把整个的人都做昏了！

可是顶惨的是连半个安慰安慰心灵的爱人都没有，因此要写信也不得不仍旧写给你，虽你是那么不好。

你会不会为我的不幸而落泪呢？愿撒旦保佑你！一个吻。

堂·吉诃德　星期六

080

醒来尚有些悲哀

有一夜，我梦见你做新娘，你猜我送你什么礼物？我送给你一条大鳗鲡（写了这两个字才觉得这东西确实有一个很好的名字，你瞧，除去了鱼旁不便是一个漂亮的洋化的女人名字）。本来我很高兴地赶来吃喜酒，以为你会接待我，然而你哪里有工夫，一句话都不曾对我讲。我很懊恼此行，身上的一件长衫背后又破了一个洞，怕被人见笑，于是一个人上三层楼看火烧去。醒来尚有些悲哀。

吉诃德先生已看了八分之六（六百页），第二部较第一部写得好。昨天看了两本小书，《日本近代小品文选》和《夏目漱石集》。所谓《夏目漱石集》实际只有一篇《哥儿》（已看过了的），一篇

《伦敦塔》，和一篇序跋文。可看的也就是那篇《哥儿》而已，因此把它重看了一遍。

下星期日是一定要家里去走走了，这星期日不预备出去。我已定下紧缩政策二十条，今后每月零用只准用十五块钱（连书籍及日用必须的在内）。

我非常绝望而苦恼。

愿你好。

雨

081
诗最好是不读

……

然则为什么不抛开书本，畅快地玩一下去？

"欣赏"不可写作"兴赏"。

诗最好是不读。

如果欣赏诗需要天才，那么看电影岂不也要天才？对于艺术的理解力的深浅，完全资于个人的素养，依浸润的程度的深浅而定，与天才无关。正如吃冰淇淋一样，发明制冰淇淋者自然是一个天才，但晓得冰淇淋好吃的人却根本无需乎天才。第一次吃冰淇淋的时候，牙齿冷得发痛，吃了一口便不敢再吃下去，后来我却成为冰淇淋的饕餮者，这便是因为对于吃冰淇淋的素养丰富起来，而理解力也有了进步了。吸鸦片烟也是这样，我们一闻到鸦片烟气味便欲作呕，正如读理科的人看见了诗要摇头一样。但嗜于此者，则醺醺焉有登仙之感。这不是他们有吸鸦片的天才而我们没有，只是因为我们缺少吸鸦片的素养的缘故。

至于批评任何事物的主要条件，只要不怕难为情，随便怎样瞎话一泡，总能言之成理。如果胆子一小，害怕自己说得不对，便没有希望了。

如果没有课，不要老躲在宿舍里，实梗（方言，意为这样）用功啥事体？

《江苏教育》大概是江苏省教育厅出版的吧，今天不曾到四马路去，明后天也许去。

我说你不要太客气，无论如何，从你那首"奈何天，雨丝风片"的宝塔诗起直到现在能填词的长调，而且居然很不坏，这进步不能说是不快，即使不好意思说你是绝世的诗才，至少也不能不承认你有些小小的天才。不过以后或许你不会再有什么进步，我觉得。

女孩子当中像你这样有意味的人的确很难得。她们有些只好作作摆供，有些是天生成的玩物，有些连作摆供玩物都不配；好一点的，或者能够在家庭内作一个贤妻良母，或者也能够服务社会。但前者又往往是心胸眼光见解一切都狭隘得很，后者又往往老气横秋，令人敬而远之，都是一些失去"女性"的女性。因此所谓找寻一个异性的"朋友"，实在并不是一件容易的事。

再说下去，又是痴话了。你使我快活，我多么高兴（"高兴"这两个字意味太薄，无论如何我还是想用"爱"字。）你!

十六夜间

082
给了人希望再叫人失望，这是作弄人

老弟:

昨夜我简直想怨命，开始是因为今天明天有两天假放，日子无法过去，后来是怨恨你，我说我一定要变成恶鬼和你缠绕，世上没有比你更可恨的人。

顶不好的就是那种说着不确定的话的人，今天任小鬼说"或许"来看我，你想我能欢迎他吗? 既不决定，对我说什么，自然啦我不能出去，因为一出去他来了，那是我的不好；然而不出去他不来，他却不负责任，还有比这种更不公平的事吗? 你也哄过我不少次了。其实你决不会来看我的，何必说那种来看你不来看你的话呢。不给人希望也不给人失望，这是fair play（公平比赛），给了人希望再叫人失望，这不是明明作弄人? 总之是太少诚意，今后我先预答你一句:"我永不愿你来看我"，这样可以免得你找寻别的理由。

脸孔简直不像人，我也实实在在怕得看见人，让大家忘了我，我也忘了大家吧，讨厌的还要回到家里去。只有寂寞最自由。

你说过你希望将来，因此我希望你将来能到我坟墓上看我。

什么都欺负人，二三十家电影院连一张好片子都没有，日子怎么过去！啊啊。

永远爱你，尽管你那样不好。

朱　廿九

083
一切兴味索然

我想要在茅亭里看雨、假山边看蚂蚁，看蝴蝶恋爱，看蜘蛛结网，看水，看船，看云，看瀑布，看宋清如甜甜地睡觉。

我觉得我已跟残废的人差不多了，五官（想来想去只有四官，眼耳口鼻之外，还有那一官不知是简任官还是特任官）都已毁损，眼睛的近视在深起来，鼻子的左孔常出鼻血，左耳里面近来就睡时总要像风车一样哄隆哄隆搠了一阵，嘴里牙齿又有毛病，真是。

一切兴味索然，活下去全无指望，横竖顶多也不过再有十年好活，我真不想好好儿做人，恨起来简直想把自己狠狠地糟蹋一阵。

084
见面的机会稀少得令人伤心

宋：

本来我知道你一定不会答应到我家里来，但我确痴心地盼你打上海过，还望你带好东西来我吃呢。又是这么像是特意要避过我似的，连安慰也不留一句地走了，怎不叫人耿耿呢？你或许以为在车站上几分钟的相对没有什么意思，徒然引起一些惆怅，但在我，就是惆怅也好，日复一日的枯燥的生活，多么想望一些小小的兴奋，即使不一定是快乐，也总比空虚的想望好些。而且我是那么不自由，要来看你一次，总得顾虑着钱，顾虑着时间。一共在世上我们也没有多少年岁好活，见面的机会是那么稀少得令人伤心，更能禁得起多少次的失望呢？

我常常不大愿意提起关于结婚的一个问题，尤其是在一个要好的女朋友之前，但今天却想以纯粹朋友的立场，提供你一些意见。唯一我替你担心的，便是你对于一切都抱着得过且过的态度，害怕想到将来，甚至于想借着短命来逃避（也许我也有些如此），其实将来也许并非一定那样可怕也说不定。在此刻，我们的处境很有些相仿，我们的家庭方面都在盼望我们赶快结婚，而我们自己则都在托辞敷衍着。关于我自己，我抱着不结婚的理想，少说些也已有五六年了；起初还只是一个理想主义者的诗意的想头，伴着对于现社会婚姻制度的不满，而近年来生活的困苦的暗影更加强了我的决心。姑母她们以为我现在不愿结婚是有所期待，或者因为嫌现在所入菲薄，要等经济方面有恃无恐后再说，因此倒是相当地嘉许我，但我如说出永远不结婚的话来，她们便要说我是傻子，而且也不肯相信（按照我们的道德的逻辑，你不娶妻生子，父母生下你来做甚么？在这种训条之下，一个男人所受的责备要比女子厉害得多），然而我自己相信我是聪明的，虽然未免偷懒规避了"人生的义务"。同时我对自己也很有把握，即使我母亲从坟墓里复活转来硬要逼我尽我所不愿尽的职，我也不惜做一个忤逆的儿子，为着保持自己最少限度的自由。

关于你，那么似乎你的理由只是因为怕和平常女人陷于同样命运之故，然而这并不是怎么充足的理由，因为命运的平凡不平凡和婚姻并无绝对的关系，真是一个能够自己有所树立的女子，那么虽结了婚也不妨害她为一个不平凡者。不然的话，你能说一般的独身妇人比结婚者的命运更可傲些更幸福些吗？多分是反而更悲惨些。你是爱你的母亲的，如果搪饰到无可搪饰，敷衍到无可敷衍的时候，为了不忍伤她的心，会不会乖乖地听起话来呢？如果终不免有那一天，那么宁愿早些留心为是。一个理想的男人和一个理想的朋友不一样，只要人格高尚，有思想，诚实负责，经济宽余的人就合式了，如果有这种人，还是不要放弃机会的好（一见面感情泛滥的人是靠不住的）。

　　有了安定的小家庭生活（少年时的彷徨烦闷其实都是生活不能安定之故），只要不忙着养儿子，自己计划着一种有意义的生活方式或找些不烦重的工作，或研习学问，何尝不能获得甚大的乐趣（如果有了计划做不到，那是自己本身的劣根性，这种人无论结不结婚皆无办法）。我不知道你对于自身的将来能不能下一番透彻的考虑，因为无主义的因循是不幸的。我的意思并不是要劝你结婚，或不结婚，但无论结婚不结婚，都得立定斩截的主意，不要含糊过去。我以为你的身体不是个耐得起辛苦磨练的人生战士的身体，事实上你需要一个较温柔的环境。我这种话也许会使你很生气，但这些全是我对于你的诚挚的友情中所发出的一些无我的意见。我相信你如真结了婚一定会使我感到甚大的悲哀，因为也许我们本来不痛快的交往将更受到一重无可如何的拘束，但我对你太关切了，我殊不愿见你永远是一头彷徨歧路的迷羊。我自己又是那么无能为力，除了爱你之外，对你一点用处都没有的。

　　你当然也不要太用功（我知道你不会用功的），但在之江这种地方如果说稍为读读书就会对健康有碍的话，我总不能相信。我自己的体格，谁都说我很不好，但在如今这种不健康的环境里过着不健康的生活，两年了，身体也不见坏到什么地方去。太娇养了也是不对的。

　　我是个理想家，想到现实会使我黯然，但我也不想躲避现实，一切凭着上帝或魔鬼的旨意吧！

　　一切的祝福，你知道我将爱你到永远，像爱一个最喜欢的兄弟姐妹一样。

朱　五日晚

先还你五块钱，因需要付房租等没得多，其余的五块过两星期后准还你，虽然我知道你并不要紧。

085
世上竟有没出息的男子如小生者

宝贝：

要是我的母亲"宝贝、心肝、肉肉、阿肉、阿宝、囡囡、弟弟、阿囡、好囡、乖囡、乖宝、小囡"地叫我，我一定要喊她"不要肉麻"。用一种喊法已够，一连串地叫起来，不亦过甚乎？

我伤心得很。

最好我们逃到一个荒岛上去，我希望死在夕阳中，凝望着你的出神的脸。

世上竟有没出息的男子如小生者乎？我最怕人家对我说两句话，一句话是"不要浪费你的时间，好好努力"，一句话是"年纪不小了，快快结婚"。结婚的成为问题不只单单在于成为一个女人的丈夫，还是兼为她的父母的女婿，她的伯叔的侄婿，她的兄弟姐妹的姐夫妹夫，她的姐夫妹夫的连襟，以及说不清的种种关系，以及她的儿子女儿的父亲，岂不难于上青天乎？

Chief（单位或者部门的长官）诚意地要介绍"女朋友"给我，

我说不要，因为这种事情太 Awkward（为难、尴尬）。

……

我一点学问也没有，学问是可以求得的，我的毛病是我看不起学问。你看怎么办？要我做起文章来，著起书来，一来都不来。我想不出我有什么用处。

唯一的自慰是你并不比我高明。

我待你好，不许骂我。

十六

有的好花是短寿的，但好花不一定都短寿。蔷薇你又写成了"薇薇"。

你顶待我好而且待我顶好是不是？

这封信被刀挖得多么可怜，你疼不疼它？

086
你生肖属凤凰

好友：

真不开心，老是那么的那么的，乖乖的好起来了吧，以后就是要生病，也分点给我生生吧，不要太小气。没气力多休息休息，功课马虎点没有关系。

你妒忌不妒忌都好，总之我用不到你也已经和她相熟了，而且要好得一塌糊涂，她是个挺好的（比我还好），你不能冤枉她，要是我告诉你我怎样爱她法，你如不妒忌便会气破肚子，如妒忌一定会变成大皮球满地滚。

你生肖属凤凰，我知道。否则属风，属星星，属月亮，你还没有资格属太阳，虽则我常唱 'O Sole Mio（意大利文，意为《我的太阳》，一首歌名）! 想着你，因为你一点不健康。

还有话，留着。愿你不要病，上帝也不允许的。

路易十六　十日

087
从你恶劣的字体中，也能体味出美来

宋：

今天四点半一人到常去吃东西的广东馆子里喝茶吃点心看小说，并没有什么趣味，我不知怎样找快乐，life always the same（生活老是一个样）。

人家送了一本 Lawrence 的小说，一本禁得很厉害的东西，全是描写性交的文字。告诉我你是不是好宝贝，不曾读过一本"秽亵"的书？

我又要忙起来了，工作已逼上身，damn it（该死的）！

几时你写长一点的信给我，写三张信纸，我回答你六张。女人们常爱多话，可是信总写不长，不知什么缘故，也有会写得比较长一些的，但都是把同一的意思反复述说着，加上许多啊字呢字哩字。

你知道我刚才搁了笔想些什么？我想你诚然是很美的，不过那不是几何学上所能说明的那种匀称的美，也不是用任何标准可以丈量的美，你有一种敏感的纤细的笔触，我简直不敢碰你（我想你如果胖了，一定要不动人得多）。即使从你的恶劣的字体中，也仍然可以体味出你的美来。

你是世上顶可爱的宝贝，遥遥无期的见面，想起来怪不快活，但我不想再到杭州来。我有点恨，我太容易灰心。

四日

088
人是那样丑，所以才要穿衣服

宋儿：

胡铭仁现在有没有事体？他的英文程度怎样？不是问他的写作

能力，只问他了解能力是否过得去？譬如译《莎氏乐府本事》、《天方夜潭》一类程度的书，是否能准确无误（须要字对字句对句的）。如果你以为他可以的话，请把他的通信处告知我。

我不知道人应不应该穿衣服，我想人那么丑都是因为穿了衣服的缘故，然而也许因为是那样丑，所以才要穿衣服。照现在的情形看，还是穿了衣服好。女人穿了聪明的衣服，可以有很美的肉感，脱了衣服，也许什么肉感都没有。维持风化最好的办法，是不论男女裸体往大街上跑，不到一个月，谁都要倒了胃口。单想想我们那些岸然绅士或讲道学的老先生们的肉体，就够令人毛发悚然，还有那些发育过分的胖太太们，谢谢上帝！保佑不要做怕梦。

明天礼拜hurrah（英文象声词，表示欢呼）！！！！！！！

你说我今天要不要买栗子吃？我今年已用了七十八个钢笔尖，十三瓶墨水。我爱你。

鸭子　廿八

今天日历上的格言说："忠国家，孝父母，尊师长，和夫妇，友兄弟，信朋友，笃亲族，睦乡党。"除了没有父母，可以不用孝，没有夫妇（一个人永远不能同时有夫又有妇的），也无须和之外，其余我懒得理会。惟所谓信朋友大概是写信给朋友的意思，所以我要常常写信给你。

089
贡献你四条路

宋：

你真可怜，闹了两年的到北平去，到现在还决定不下来。我贡献你四条路：

一、不转学，留在之江，免得投考等麻烦。

二、转学近处，南京、上海、或索性苏州，好常常见母亲。但苏州你已住久，上海我不劝你，南京也没甚大意思。

三、转学远处，北平、青岛、武汉、广州……一样走远路，当然如你原来的理想，北平去最好。

四、停学一年，作一次远程旅行，几次小旅行，余下时间，在家读书休息，养得胖胖后再上学。

如果转学，不要抱但求换换空气的思想，无论如何要拣比较好一点的学校，如果进和之江差不多或不如的地方，那很不上算，还是留着不走的好。

好人以为如何？

热天真使人懒，坐在office里，眼睛只是闭上来。想像着在一个绿荫深深的院内，四周窗子上幔着碧色的湘帘，在舒适的卧塌之上，听着细细的鸟声，睡了又醒醒了又睡的生活着。但无论如何，初夏的黄昏是可爱的。在之江，此刻也是顶美丽的时刻了。但这样的时间也只能在忆念里过去，心里很有点怨。祝福那些不懂得相思的人，至于我，则愿意永远想念着你。我，永是那么寂寞的。

还有的话，留着以后说。祝快乐。

朱

090
我的心扑的一声碎了

昨夜我真的梦见了你，我们都还在之江山上。你对我的态度冷得很，见了我常常不理我。后来在茅亭那边我看见你，你坐在小儿车里，说要回家去。我自告奋勇推着小儿车下山，可是推来推去推了半天还不曾下得山，却推到我自己的房间里来了。你很恼，我很抱歉。我于是把满房间的花盆都搬开，撬起一块楼板来，说从这里下去一定可以下山。可是你嘟着小嘴唇走了，我的心也扑的一声碎了。

星期日，如果我此地在八点半出发，十一时许可以到常熟，你还不忙就上学校去吧？

伤风有没有好？日子过得太慢，你有没有老些了？我真想疼疼你。

罗马教皇　廿一

091
无限热烈的思念

Darling Boy：

千言万语，不知从何处说起。第一你说我是不是个好孩子，一到上海，连两三钟点都不放弃，寓所也没去，就坐在办公室里了。这简直不像是从前爱好逃学旷课的我了，是不是？事实是，下车时一点钟，因为车站离家太远，天又在临下阵头雨之际，便在北四川路广东店里吃了饭并躲雨，且吃冰淇淋。雨下个不停，很心焦，看看稍小些，便叫黄包车回家。可是路上又大落特落起来，车蓬遮不住迎面的雨，把手帕覆在脸上，房屋树街道都在一片白濛濛中过去，像一个小孩子似的，衷心地感到喜悦。（这是因为我与雨极有缘分的缘故，我做的诗中不常说雨？）本来在汽车中我一路像受着极大的委屈似的，几回滴下泪来，可是一到上海，心里想着毕竟你是待我好的，这次来游也似乎很快乐，便十分高兴起来。——车过了书局门口，忽然转计想就在这里停下吧，因此就停下了。

为着礼貌的缘故，但同时也确是出于衷心的，容我先道谢你们的招待。你家里的人都好，我想你母亲一定非常好，你的弟弟给我的直接印象，比之你以前来信中所说及的所给我的印象好得多。

唉，我先说什么呢？我预备在此信中把此时的感想，当时欲向你说而没有机会，因当着别人而讲不出来的话，实际还无宁是当时的未形成语言的思想，以及一切一切，都一起写下来。明明见了面而不说话，一定要分手之后，再像个健谈者似的絮絮叨叨起来，自然有些反乎常情，然而有什么办法呢，我一点不会说话！你对别人有许多话说，对我又说不出什么话来，又有甚么办法呢？横竖我们会少离多，上帝（魔鬼也好）要是允许给我一支生花的笔，比之单会说话不会动笔也许确要好得多，无如我的笔并不能达出我所有的感情思想来何？但无论如何，靠着我们这两张嘴决不能使我们谅解而成为朋友，然则能有今日这一天，我能在你宝贵的心中占着一个位置（即使是怎样卑微的都好），这支笔岂不该值千万个吻？我真想把从前写过给你的信的旧笔尖都宝藏起来，我知道每一个用过的笔尖都曾为我做过如此无价的服务。

最初，我想放在信的发端上说的，是说你借给我的不是二块钱而是十块钱，这一回事是绝大的错误，当我一发现这，我简直有些生气，我想一回到上海之后，便立刻把我所不需要的八块钱寄还你，说这种方面的你的好意非我所乐意接受，那只能使我感到卑辱。如果我所需要的是要那么多，为什么我不能便向你告借那么多呢？如果我不需要那么多，你给我不需要的东西做甚么呢？……如果我这样，你会不会嫌我作意乖僻？我想我总不该反而嫌怪起你的好意（即使这样的好意我不欢迎）来而使你懊恼，因此将暂时保存着尽力不把它动用（虽然饭店里已兑碎了一块，那我想像是你请我的客，因此吃得很有味），以后尽早还你。本来这月的用途已细心计划好，因为这次突然的决心，又不知道车费竟是那么贵，所以短绌了些，但除非必要，我总不愿欠人家一块钱，即使（尤其）是最好的朋友；这个"好"脾气愿你了解我。

你要不要知道此刻我所有的全部财产？自从父亲死了之后，家里当然绝没有什么收入，祖产是有限得可怜，仅有一所不算小的房子，一部分自居，一部分分租给三家人家和一爿油行。但因地僻租不起钱，一年统共也不过三百来块钱，全部充作家中伙食和祭祀之用，我们弟兄们都是绝不动用分文的。母亲的千把块钱私蓄，一直维持我从中学到大学，到毕业为止计用空了百把块钱；兄弟的求学则赖着应归他承袭的叔祖名下一注小小的遗产。此刻我已不欠债，有二百几十块钱积蓄，由表姐执管着，我知道自己绝对用不着这些钱，不过作为交代而已。如果兄弟读书的钱不足时可以补济补济，自己则全然把它看作不是自己的钱一样。除了这，那么此刻公司方面欠我稿费百元，月薪四十三元，我欠房饭钱未付的十二元，此外别人借我去的约五六十元，我不希望他们还了。这些都不算，则我此刻有现金 $7.25，欠宋清如名下 $10.00，计全部财产为 − $2.75。你想我是不是个 Unpractical（不实际的）的人？

话一离题，便分开了心，莫名其妙地说了这些不相干的话。我说，这回到常熟来我很有点感到寂寞，最颓丧的是令弟同我上茶馆去坐的那我也不知多少时候，那时我真是 literally（不夸张地）一言不发（希望他原谅我性子的怪僻），坐着怨恨着时间的浪费。昨晚你们的谈天，我一部分听着，一部分因为讲的全是我所不知道的人们，又不全听得明白，即使听着也不能发生兴趣，因此听见的只是声音而不是言语，很使我奇怪人们会有这么多的 nonsense（无意义的事），爱谈这个人那个人的平凡琐事。但无论如何，自己难得插身在这一种环境里，确也感到有些魅力，因为虽然我不能感到和你心灵上的交流，如同仅是两人在一起时所感到的那样，但我还能在神秘的夜色中瞻望你的姿态，聆听你的笑语，虽然有时不知道你在说些什么，但我以得听见你的声音为满足，因为如果音乐是比诗更好，那么声音确实比言语更好。也许你所说的是全无意思的话，但你的语声可以在我的心上绘出你的神态来。

半悲半喜的心情，觉得去睡觉是一件很不情愿的事，因为那时自己所能感觉到摸触到的，就只有自己的饥渴的寂寞的灵魂了。After 怨恨自己不身为女人（为着你的缘故，我宁愿作如此的牺牲，自己一向而且仍然是有些看不起女人的），因为异性的朋友是如此之不痛快多拘束，尽管在不见面时在想像中忘记了你是女人，我是男人，纯情地在无垢的友情中亲密地共哭共笑，称呼着亲爱的名字，然而会面之后，你便立刻变成了宋小姐，我便立刻变成了朱先生，我们中间不能不守着若干的距离，这种全然是魔鬼的工作。当初造了亚当又造夏娃的家伙，除了魔鬼没有第二个人，因为作这样恶作剧的，决不能称为上帝。——之后，我便想：人们的饥渴是存在于他们的灵魂内里，而引起这种饥渴来，使人们明白地感到苦恼，

otherwise hidden and unfelt（另外隐藏着和未感觉到的）的，是所谓幸福，凡幸福没有终极的止境，因此幸福愈大，则饥渴愈苦。因是我在心里说，清如，因为我是如此深爱你，所以让我们（我宁愿）永远维持着我们平淡的友谊啊！

撇开这些傻话，我觉得常熟和你的家虽然我只是初到，却一点也没有陌生之感，当前天在车中向常熟前行的时候，我怀着雀跃的似被解放了的一颗心，那么好奇地注意地凝望着一路上的景色，虽然是老一样的绿的田畴，白的云，却发呆似地头也不转地看着看着，一路上乡人们的天真的惊奇，尤其使我快活得感动。在某站停车时一个老妇向车内的人那么有趣地注视着时，我真不能不对她 beam a smile（微笑）；那天的司机者是一个粗俗的滑稽的家伙，嘴巴天生的合不拢来，因为牙齿太长的缘故，从侧面望去，真"美"。他在上海站未出发之前好多次学着常熟口音说，"耐伲到常熟"，口中每每要发出"×那娘"的骂人话，不论是招呼一个人，或抱怨着过站停车的麻烦时。他说，"过一站停三分钟，过十几站便要去了半个钟点"。其实停车停得久一些的站头自然也有，但普通都只停一分钟许，没有人上下的，不停的也有。因此他的话有点 moderately exaggerated（适度的夸张），总之是一个可爱的东西，当时我觉得。

过站的时候，有些挥红绿旗的人因为没有经验，很有些手足无措的样子，而且所有的人都有些悠闲而宽和的态度，说话与行动都很文雅，一个人同着小孩下车，小孩应该买半票，却没有买，收票的除了很有礼地说一声要买半票之外，也就一声不响地让他走了。有两站司机人提醒了才晓得收票，某次一个乡妇下车后扬长而去，问那土头土脑的收票者，他说那妇人他认识的。最可笑的是一个乡下人，汗流浃背，手中拿着几张红绿钞票，气急匆匆地奔上车子，开到半路，忽然他在窗外看见了熟人，车子疾驶的时候，他发疯似向窗外喊着，连忙要求司机人把车子停下开开放他下车，吃了几句臭骂，便飞奔出去了，那张车票所花的冤钱，可有些替他肉痛，——这一切我全觉得有趣。

可是唯一使我快活的是想着将要看见你。我对自己说，我要在下车后看见你时双手拉住你，端详着你的"怪脸"，喊你做宝宝，虽然明知道我不会那样的；当然仍带着些忧虑，因为不知道你身体是否健爽。实在，如果不是星期六接到你的信，知道你又在受无情的磨折，也许我不会如此急于看你，为着钱的问题要把时间捺后一些；而且你说过你要来车站候我，我怎么肯使你扑空呢？

车子过了太仓之后，有点焦躁而那个起来，直到了常熟附近的几个村站，那照眼的虞山和水色使眼前突然添加了无限灵秀之气，那时我真是爱了你的故乡。到达之后，望车站四周走了一转，看不见你，有点着急，担心你病倒，直至看见了你（真的看见了你），well then，我的喜乐当然是不可言说的，然而不自禁地 timid（羞怯）起来。

回去就不同了，望了最后的一眼你，凄惶地上了车，两天来的寂寞都堆上心头，而快乐却全忘记了，我真觉得我死了，车窗外的千篇一律的风景使我头大（其实即使是美的风景也不能引起我的赞叹了）。我只低头发着痴。车内人多很挤，而且一切使我发恼。初上车时，还有一个漂亮的少女（洋囡囡式的），她不久下车，此后除了一个个儿高的清秀的少年之外，一车子都是蠢货商人市侩之流。一个有病的司机人搭着我们这辆车到上海，先就有点恶心。不久上来了一个三家村学究四家店朝奉式的人，因为忙着在人缝里轧坐位，在车子颠簸中浑身跌在一个女人的身上，这还不过令人笑笑（虽然有些恶心）而已，其后他总是自鸣得意地遇事大呼小叫，也不管别人睬不睬他，真令人不耐。在我旁边那个人，打瞌铳常常靠压到我的身上，也惹气得很。后来有几个老妇人上来，我立起身让了座，那个高个儿少年也立起，但其余的那些年轻力壮的男人们，却只望着看看，把身体坐得更稳些。我简直愤慨起来，而要骂中国人毫无规矩，其实这不是规矩，只是一种正常的冲动。

我以为让老弱坐，让贤长者坐，让美貌的女郎及可爱的小孩子坐，都是千该万该的。让贤长者坐是因为尊敬，让美貌的女郎坐是因为敬爱（我承认我好色，但与平常的所云好色有所不同。我以为美人总是世间的瑰宝，而真美的人，总是从灵魂里一直美到外表上，而灵魂美的人，外表未有不美者，即使不合机械的标准与世俗的准绳。若世俗所惊眩之美貌，一眼看去就知道浅薄庸俗的，我决不认之为美人），让小孩坐是因为爱怜，让老弱坐是因为怜悯。一个缠着小脚步履伶仃的乡曲妇人，自然不能令人生出好感，但见了她不能不起立，这是人类所以为人类的地方，但中国人有多数是自私得到那么卑劣的地步。这种自私，有人以为是个人主义，那是大谬不然。个人主义也许不好，但决不是自私，即使说是自私，也是强性的英雄式的自私，不是弱性的卑劣的自私，个人主义要求超利害的事物，自私只是顾全利害。中国没有个人主义，只有自私。

对于常熟的约略的概念，是和苏州相去不远，有闲生活和龌龊的小弄，崎岖的街道，都是我所不能惬意之点。但两地山水秀丽，吃食好，人物美慧（关于吃食，我要向你complain，你不该不预备一点好吃的东西给我吃，甚至于不好吃的东西也不给我吃，今天早晨令弟同我出去吃的鸭面，我觉得并不好吃，而且因为分量太多，吃不下，只吃了二分之一；至于公园中的菱，那么你知道，嘉兴唯一的特产，便是菱了，这种平庸的是不足与比的，虽然我也太难得吃故乡的菱了。买回的藕，陆师母大表满意，连称便宜，可是岂有此理的是她也不给我吃。实在心里气愤不过，想来想去想要恨你），都是可以称美的地方。如果两地中我更爱常熟，那理由当然你明白，因为常熟产生了你。

常熟和吾乡比起来，自然更是个人文之区，以诗人而论，嘉兴只有个朱竹垞（冒一个"我家"）可以和你们的钱牧斋一较旗鼓，但此外便无人了。就是至今你到吾乡去，除了几个垂垂老者外，很难找出一打半风雅的人来，嘉兴报纸副刊的编辑，大概是属于商人阶级的人或浅薄少年之流，名士一名词在嘉兴完全是绝响的。子弟们出外读书，大多是读工程化学或者无线电什么之类，读文学是很奇怪的。确实的，嘉兴学生的国文程度，皆不过尔尔的多，因为书香人家不甚多，有的亦已衰微，或者改业从商了。常熟也许士流阶级比商人阶级更占势力，嘉兴则全是商人的社会，因此也许精神方面要比前者整饬一点，略为刻苦勤勉一点。此外则因为同属于吴语区域，一切风俗都没有什么两样。

要是我死了，好友，请你亲手替我写一墓铭，因为我只爱你的那一手"孩子字"，不要写在什么碑版上，请写在你的心上，"这里安眠着一个古怪的孤独的孩子"，你肯吗？我完全不企求"不朽"，不朽是最寂寞的一回事，古今来一定有多少天才，埋没而名不彰的，然而他们远较得到荣誉的大才们为幸福，因为人死了，名也没了，一切似同一个梦，完全不曾存在，但一个成功的天才的功绩作品，却牵萦着后世人的心。试想，一个大诗人知道他的作品后代一定有人能十分了解它，也许远过于同时代的人，如果和他生在同时，一定会成为最好的朋友，但是时间把他们隔离得远远的，创作者竟不能知道他的知音是否将会存在，不能想像那将是一个何等相貌性格的人，无法以心灵的合调获取慰勉，这在天才者不能不认为抱恨终天的事，尤其如果终其生他得不到人了解，等死后才受人崇拜，而那被崇拜者已与虫蚁无异了，他怎还能享受那种崇拜呢？与其把心血所寄的作品孤凄凄地寄托于渺茫中的知音，何如不作之为愈呢？在天才的了解者看来呢，那么那天才是一个无上的朋友，能传达出他所不能宣述的隐绪，但是他永远不能在残余的遗迹以外去认识，去更深切地同情他，他对于那无上的朋友，仅能在有限范围内作着不完全的仰望，这缺陷也是终古难补的吧？而且，他还如一个绝望的恋人一样，他的爱情是永远不会被她知道的。

　　说着这样一段话，我并不欲自拟为天才（实在天才要比平常人可怜得多），但觉得一个人如幸而能逢到一个倾心相交的友人，这友人实比全世界可贵得多；自己所存留的忆念，随着保有这些忆念的友人的生命而俱终，也要比"不朽"有意思些。我不知道我们中谁将先谁而死，但无论谁先死总使我不快活，要是我先死的话，那么我将失去可宝贵的与你同在的时间之一段。要是你先死的话，那么我将独自孤零地在忆念中度着无可奈何的岁月。如果我有希望，那么我希望我们不死在同一空间，只死在同一时间。

话越说越傻了，我不免很有些sentimental（感伤），请原谅我。这信是不是我所写给你中的最长的？然而还是有许多曾想起而遗落了的思想。

在你到杭州之前，我无论如何还希望见你一面。愿你快快痊好，我真不能设想，你要忍受这许多痛苦与麻烦。

无限热烈的思念。盼你好的信息。

朱朱　廿六夜

你们称第三身"他"为gay，很使我感到兴味，大约是"渠"音之转。

我所以拙于说话的原因，第一是因为本来懒说话，觉得什么话都没有意思，别人都那样说我可不高兴说。第二是因为脑中的话只有些文句，说出来时要把它们翻成口语就费许多周章，有时简直不可能。第三我并不缺少sense of humor（幽默感），也许比别人要丰富得多，但缺少ready wit（快捷的机智），人家给我讲某事的时候，有时猝然不知所答，只能应着唯唯，等到想出话说来时，已经用不着说了，就是关于常识方面的也是如此，陆先生曾问起我最近从飞机上坠下来跌死的滑稽电影明星Will Rogens的作风如何，到过上海有什么片子，一下子我只能说他善于描述人情世故，以乡曲似的形式出现银幕上，作品一时记不起名字来，我还不曾看过他的片子。等到想要补充着说他是美国电影中别树一派的幽默家，富于冷隽的趣味，为美国人最爱戴的红星之一，但在中国却颇受冷落，他的作品较近而成功的有 Handy Andy（人生观），Judge Priest（中译名不详）等等，凡我的"渊博"的头脑中所有的关于这位我并未与谋一面的影星的智识时，这场谈话早已结束了。——此外，我纵声唱歌时声音很高亮，但说话时却低沉得甚至于听不大清楚。姑母说我讲起话来蚊子叫，可是一唱起歌来这股劲儿又不知从那里来的，我读英文也能读得很漂亮，但说绝对不行。大概在说话技术一方面太少训练。每年中估计起来成天不说话的约有一百天，每天说不上十句话的约有二百天。说话最多的日子，大概不至于过三十句。

虽然再想不出什么话来，可是提着笔仍旧恋恋着不肯放下来，休息吧，笔！快一点钟了。此刻你正在梦中吧，知道不知道，或者想得起想不起我在写着写着？你那里雨下得大不大？如果天凉了，仔细受寒。

快两点钟哩，你睡得好好儿的吗？我可简直的不想睡。昨夜我从两点钟醒来后，安安静静的想着你，一直到看天发亮，今天又是汽车中颠了三个钟点，然而此刻兴奋得毫不感到疲乏，也许我的瘦是由于过度的兴奋所致，我简直不能把自己的精神松懈片刻，心里不是想这样就是想那样，永远不得安闲，一闲下来便是寂寞得要命。逢到星期日没事做，遂我的心意，非得连看三场电影不可。因此叫我在茶馆里对着一壶茶坐上十五分钟，简直是痛苦。喝茶宁可喝咖啡，茶那样带着苦意的味道，一定要东方文明论者才能鉴赏，要我细细的品，完全品不出什么来，也许觉得白开水倒好吃些。

我有好多地方真完全不是中国人，我所嗜好的也全是外国的东西，于今已一年多不磨墨了，在思想上和传统的中国思想完全相反，因为受英国文学的浸润较多，趣味是比较上英国式的，至于国粹的东西无论是京戏胡琴国画国术等一律厌弃，虽然有时曾翻过线装书（那也只限于诗赋之类），但于今绝对不要看这些，非孔孟，厌汉字，真有愿意把中国文化摧枯拉朽地完全推翻的倾向，在艺术方面，音乐戏剧的幼稚不用说，看中国画宁可看西洋画有趣味得多，至于拓几笔墨作兰花竹叶自命神韵的，真欲嗤之以鼻，写字可以与绘画同成为姊妹艺术，我尤其莫名其妙。这些思想或者有些太偏激，但目睹今日之复古运动与开倒车，不能不对于这被诩为五千年的古文化表示反对。

让外国人去赞美中国文化，这是不错的，因为中国文化有时确还可以补救他们之敝，但以中国人而嫌这种已腐化了的中国文化还不够普及而需待提倡，就有些夜郎自大得丧心病狂了。我想不说下去了，已经又讲到文化的大问题，而这些话也还是我的老生常谈，卑卑无甚高论。你妈来了没有？妈来了你可以要她疼疼了，可是我两点半还不睡，谁来疼我呢？

092
我的朋友是天使，你的朋友是傻小子

宋：

离放工还有半小时。星期三欠四页，星期四欠一页，今天做了十五页，一起拼命赶完了。只想给你写信，好像要把我的心我的脑子一起倒出掏空才痛快的样子，你厌不厌烦，笑不笑我呢？要是我能把我的灵魂封在信封内寄给你，交给你保管着（你爱顾他也好，冷丢他也好），那么让我这失去灵魂的形骸天天做着机械的工作，也不会感到任何难过了。我深觉得，我们的灵魂比形骸更要累赘烦重，否则它早已飞到天上去了。

昨夜做了个梦，可是再也记不起做些什么。要是我今夜坐了汽车来看你，你欢迎不欢迎我呢？横竖我已认识了路，我会悄悄地摸到你睡着的地方的。我希望你正酣睡着不看见我，我会静静地看守着你的睡眠，替你驱除恶梦，到了天将明，你未醒之时，我便轻轻地吻一下你的手，自个儿寂寞地回来。

像得了心爱的宝贝一样，这才接到了你的信。我愿意永远作你的孩子，要是你肯做我的母亲的话。今晚我已心安了，我许给我自己一个甜蜜的睡眠。

如果你母亲高兴见我，你为什么不留我多住一天呢？我回来之后，陆师母说我为什么这么要紧就回来，因为明天有假放。不过即使你留我，我也不想多住，因为衣服什么都没带来。

寻来寻去总寻不见你八月上半月给我的两封信，心里怪那个，你骂不骂我又丢了呢？如果要骂的话，请补写两封来，我一定好好藏着，再不丢了。你有些信写得实在有趣，使我越看越爱。要是你怪我不该爱你，那么使我爱你的实在是你自己，一切我不知道，你应该负全责。要是我为你而情死了，你当然也应该抵命的。

五块钱，给陆师母借去了，她也要向我借钱，可见紧缩之一斑。这星期底没得钱用，星期一发薪不知是否仍打折扣。但只要肚皮不饿（只是有得饭吃的意思，因为饿此刻就在饿），有得房子住，你待我好，什么都不在乎。我是个乐天者，我不高兴为物质问题发愁。

你想不出此刻我是多少快乐，快乐得想哭。谁比我更幸福呢？比起你来，我也是要幸福得多，因为我的朋友是一个天使，而你的朋友只是一个傻小子。

卅下午

093
对你，我不用矜持与掩饰

好友：

时间过得又快又慢，想想一星期前在你家的光景，似乎像往古的梦一般恍惚，又似乎像昨天一般亲切。

我不知道你预备不预备告诉我什么时候过上海，好让我来车站候你。是不是四号就走，如你前信所说的？那就是后天了，也许连我这封信都赶不上也说不定。

一个人要把自己的所谓"身世"来换取别人的同情，未免太无聊。但有些话对别人说了我要后悔的，对你说了却决不会后悔。因为对着一个最亲切最钟爱的人前而不能把自心的一切尽情倾吐，我总以为是太不痛快的事。矜持与掩饰对别人我也不会，更不用说是对你，虽然我也懒得向人表白我自己。……

二日夜

094
过了一个疯狂的月夜

好友：

昨夜我过了一个疯狂的月夜。

似乎躺在床上生病，一个疯医生走了进来（其实他一点不像是个医生，不过说明书——我的梦有说明书的——上这样写着，而且由 Peter Lorre——最近一张恐怖影片的主角，但我并不曾去看——扮演），把我连被褥一起卷起来挟在胁下，挟到另一间房间里。我想他以为我快死了，所以把我送到太平间去。后来一阵昏愦中他出去了。有几个人跑进来，一看见我都吓得大叫起来，我很奇怪，照照镜子，我的脸平平常常，没有什么可怕的地方，转过头来一看，才见我的枕头上有一个黑鬼的头。后来那个"疯医生"又要来了，我连忙去把门闩上将身子抵住，他在外面尽力轰着，像牛一样喘着气，门不很牢固，我气力又不支，这情形很尴尬。可是月色非常好，他在外面唱起歌来了，唱的词句是英文，很短，只两三句，大意是：

月亮很亮，

我很寂寞，

我的心在辽远的他乡。

他唱了一遍，我也和了一遍，一唱一和了好多次。外头常有一些人走过，渔夫水手之类，他见了他们便说，"我有一个伙计，不肯跟我跑，请你们帮忙把他拖出来"。他们听见这话便回答，"你丢了他好了。"我把门微开觑了觑，他便冲了进来，跟我扭作一团，咬我抓我，我嘴里pooh pooh（英语象声词，"扑、扑"）地嘶喊着，于是醒了。

中秋的月不如晚秋的月，中秋的月太热闹，应该是属于天伦团聚的家庭或初恋的恋人们的，再过一两个月的月亮，才是我们的月，游子的月。因为昨天拿到了几块钱，今晚已答应自己去看一本好影片，《满城风雨》，照题目是应该在重阳节映的。

愿你珍重。

朱

095
"好人"是天生下来给人欺负的

小鬼头儿：

我太不高兴写信给你，此刻不知你在跟谁讲些什么小姐经，而我却不知道是谁逼着我硬要写些什么，写信的对象偏偏一定要是我所最讨厌的人你。要是写得好，能博你欢喜，叫我几声孩子，那么也许还可窝心窝心，骗骗自己说世上还有个人疼我。要是写得戆一些，便要惹你发神经，把朱先生哩聪明哩佩服哩知己哩劳驾哩这些化装了的侮辱堆在我身上，想想真气不过。如果你是个头号傻瓜，我准是个超等傻瓜。

自己安慰自己这句话实在可怜得很，既然决心不受人怜，又何必对影自怜呢？要是我，宁愿自己把自己虐待的。

当心伤风。

此夕

要是你是个男人，你欢喜那一种女子呢？要是我是个女子，我要跟很多男人要好，我顶欢喜那种好好先生，因为可以随便欺负他，"好人"是天生下来给人欺负的。

哥儿：

今天天气很好。不叫人兴奋也不叫人颓唐，不叫人思慕爱情也不叫人厌恨爱情，去外面跑，也不会疲劳，住在家里，也不会愁闷。今天写信，目的就是要说这两句话，多说了你又会厌烦我。

借了三本《行为主义的心理学》，希望能读得下去。

愿你乖。

次日下午

第五辑

爱到深处：不想过去，只想望未来

Letter ♡

书信年代的恋爱似乎总是如此，
缓慢悠长，情节波折，
却没有实质性的进展，总是在深夜灯下，
孜孜不倦地写啊写，
盼信时的心焦被收信的欣喜轻而易举地覆盖。

096
秋是最可爱的季节

清如：

真的是满城风雨，外面冷得令人发抖，雨不单是从天上落下来，还要从地面上刮起来，全身淋湿在雨中（伞当然是撑着的），风可以把你吹倒，真令人兴奋。回到斗室中，那么温暖！无月的中秋是可爱的。

——昨夜

今天大家嚷冷，有人夹袍带草帽，有人夏布长衫内罩绒线背心，无奇不有。冷我是欢迎的（你当然也赞成），可是这一下太突然，多多珍重玉体吧。

秋是最可爱的季节，因为她是最清醒的季节，无论春夏冬，都能令人作睡眠的联想，惟秋是清醒的。

我怕一切人，我顶怕你，我可不怕我自己，我高兴的时候，我爱爱他，我不高兴的时候，我虐待虐待他，有时完全把他当做一个不相干的人，他发痴，他被你吃瘪，都不关我事。

昨夜又做梦，你不了解我，我伤心。滑稽总归是滑稽，了解这两字的意义我就不了解，我也从不想了解我，我也不曾了解你。

祝我的爱人好。

吃笔的家伙——今天

097
吃月饼

婆婆：

今天有没有进城去呢？我不出去，很寂寞，很无聊。想着要吃月饼，买了一个"蚝黄夜月"，一个"蛋黄莲蓉"，吃到把胃口吃倒为止，现在还剩着一些些儿。无论吃什么东西，总归不快活。我想婆婆，婆婆一定不想我。

现在我倦得想睡，不写了。你说过几时带我到月亮里去，几时去呢？你要是忘记了，我不依。你讲我一个故事听好吗？

祝你老人家万福全安。

珠儿 十五夜

昨夜睡得烂极了，几乎要死。今天下雨。

婆婆上学去，要听先生话，不然打手心。

098
如果没有你，我该怎么样活下去

我对于一切的意见，都脱不了幼稚两个字，想起来要脸孔红。

世上最傻不过的人就是母亲（这又是一个意见），要是我做女人生了一个儿子（或女儿），我一定不高兴爱他。

天晴使人不快活，因为又要烦闷。

你如肯做我干女儿，我一定把你掌上珠样看待，肯不肯呢？

今天早上跑出来，看见厂屋顶下半旗，想了一想，才知道今天是九一八。其实这种仪式也不过空感慨一下，毫无用处。

活着无趣味，一点点使自己满足的事都没有，而就此死了，又不能甘心。

想来想去只觉得你比我更可怜。

我每星期中星期日除外，总有两天很兴奋，两天很安静，其余两天，则怨天尤人。出太阳的日子心里常气闷，落雨天有时很难过，刮风则最快活。

我想我唯一要训练自己的，便是"如果世上没你这样一个人，怎样我也能活下去"的方法，因为不然的话，我只好每天躺在床上流着泪想你，再不用想做事情了。

我很渴想着做一个幸福的梦，一个和你在一块儿亲爱地生活着的梦，然而无论在现实生活中或想像里，都不曾有过这种经验，因此我再没有得到这样一个梦的希望。

四年前的昨天，我送一个朋友回苏州去，四年前的前天，我们在满觉陇，但没有桂花，正如四年后的你一样起了落寞之感。四年前的明天午后，王守伟在都克堂大声疾呼，痛哭陈词，现在，不知他在活动些什么滑稽顽意儿。四年前，世界上还不曾有你，也可以说，还不曾有我。

099
从此，我将生活在你的灵魂里

昨天，在附近的影戏院里看卓别林，觉得他大是一位诗人。米老鼠的卡通，颇有趣。

今天过得十分冤枉，我以为会得到你的信的，上午还是很高兴。

我想像有那么一天，清如，我们将遇到命定的更远更久长更无希望的离别，甚至于在还不曾见到最后的一面，说一声最后的珍重之前，你就走了，到不曾告诉我知道的一个地方去。你在外面得到新奇和幸福，我则在无变化的环境里维持一个碌碌无奇的地位。那时我相信我已成为一个基督教徒（因我不愿做和尚），度着清净的严肃的虔敬的清教徒的独身生活，不求露头角于世上，一切的朋友，也都已疏远了。

　　终于有一天你厌倦归来，在欢迎你的人群里，有一个你几乎已不认识了的苍癯的面貌，眼睛，本来是干枯的，现在则发着欢喜的泪光，带着充满感情的沉默前来握你的手。你起始有些愕然，随即认识了我，我已因过度的欢喜而昏晕了。也许你那时已因人生的不可免而结了婚，有了孩子，但这些全无关系，当我醒来的时候，是有你在我的旁边。我告诉你，这许多年我用生活的虔敬崇拜你，一切的苦难，已因瞬间的愉快而消失了，我已看见你像从梦中醒来。于是我死去，于你眷旧的恋念和一个最后最大的灵魂安静的祝福里。我将从此继续生活着，在你的灵魂里，直至你也死去，那时我已没有再要求生存的理由了。一个可笑罗曼斯的构想吗？

　　祝福！

朱　廿二下午

100
我希望我是个乌龟

好人：

心烦得想死，可是不再见你一面而死，又有些不甘心。

昨夜梦见汉高祖，他要我把《史记》译为英文，费了整天工夫，我把《史记菁华录》上的《项羽本纪》译完，最后一段译不出，我便对他说可以不用译。我告诉了他两句诗句，他大为得意，连忙召集群臣，大开宴会，席上把这两句诗念了出来，说是自己做的（"年年老我春光里，片片花飞是异乡"），大家一齐喝彩。我说："陛下，你忘了，这两句诗是我告诉你的。"他恼羞成怒，便把我的手指头都斫去了。他的女儿因为她父亲太残忍，和我商量把他杀死而一同逃走。未央宫前有一条黑水河，河里荡着一只不系之舟，我们预备乘黑夜坐这舟到上海租界里去……

我希望我是个乌龟，不痛快的时候把首尾手脚一齐缩进壳里，一切都不管账。

你很可怜，因为你居然会爱我，其实我比蚂蚁还不如。让我忘记一切一切，只记得世上有一个你吧。我疼你，我爱你，我崇拜你。

子路　十

101
男人总是要神气神气的

宋神经：

叫你神经是因为你又要说甚么凋谢的花醒了的梦一类话，再讨厌不过了。我也知道你不是诗人，但不是诗人就不该说这种诗话。我说花落了之后更好看了。至于醒来而能把梦记忆清楚，我认为是一种快乐；要是忘记了，根本已无此梦，当然无苦痛可感。你东西吃完了之后，也会感到一阵空虚而流起泪来吗？这当然是滑稽的。一个人不能老是吃东西，因为肚子会胀，美味也会失却它的味道。同样一个人也不能老是做梦，因为老做下去会做厌的，会使心灵不消化。但人不能不做梦，正如不能不吃东西一样，做梦吃东西，同样是使人生丰富的力量。

大凡一个标准男人，必有三个或三种不同型的女性做他爱慕的对象。第一个是远胜于他自己的，有时不一定实有其人，如果他的理想太高的话；对于她他将敬而远之，避免一切世俗的来往狎昵。第二个是差不多和他差不多好坏的，他把她作为亲密的朋友。第三个是及不上他的，他把她作为妻子。因为男人娶了一个比他自己好的女人，是会杀害他的自尊的，但女人则恒以有一个好的丈夫为荣。因为男人总是要神气神气的，如果在外面神气不起来，不得不碰社会的钉子，在大亨前面低声下气，回家来还要被老婆吃瘪，摆不起臭架子，人生对于他不是有点太惨了吗？

昨夜失眠，因为是礼拜六之故。看杂志上的几篇写一个乡村医生的小说，觉得很满意，一篇写一个污七八糟的贫民家庭里的女孩子，父亲只会喝酒，母亲只会养小孩，那女儿为了服侍她的幼弟而死；一篇写一个被儿媳嫌恶的八十矍铄老妪，因服了过多的药而昏睡过去，被认为已死，然而重新活了转来；都很有柴霍夫风格的幽默与同情。另一篇写一个害肺病的过时的红歌剧女伶，流落在下等哑剧团中，受人姗笑的故事，十分伤感。

今天淡淡的太阳，刮风。

如果你说已经写得够了，那么我就不再写。

你是好人，我抱抱你。

朱　十二

102
无聊到无心可伤

宋：

怨到说不出来，我一点不想痛哭，只想到什么高山顶上大笑一场，这样眼看着自己一天一天死下去真没意思。

我不懂为什么我是这样不可爱，否则做一个Narcissus（意为水仙花），也可以顾影自怜一下，可是我对自己只有唾弃和憎恶。

……

你应该允许我爱你，因为否则我将更无聊，但你绝对不能爱我，实在我很希望你虐待我，让我能有一些伤心的机会，你瞧我无聊到无心可伤。

103
见了面，你比我想象中更可爱

挚爱的朋友，

我已写坏了好几张纸了，越是想写，越是不知写什么话好。让我们不要胡思乱想，好好地活着吧。在我的心目中，你永远是那样可爱的，这已然是一个牢不可拔的成见了。无论怎样远隔着，我的心永远跟你在一起，如果没有你，生命对于我将是不可堪的。

我知道寂寞是深植在我们的根性里，然而如果我的生命已因你而蒙到了祝福的话，我希望你也不要想像你是寂寞的，因为我热望在你的心中占到一个最宝贵的位置。我不愿意有一天我们彼此都只化成了一个记忆，因为记忆无论如何美妙，总是已经过去已经疏远了的。你也许会不相信，我常常想像你是多么美好多么可爱，但实际见了你面的时候，你更比我的想像美好得多可爱得多。你不能说我这是说谎，因为如果不然的话，我满可以仅仅想忆你自足，而不必那样渴望着要看见你了。

我很欢喜，"不记得凝望些什么，一天继续着一天"两句话，说得太寂寞了。但我知道我所凝望着的只是你。

祝好。

朱 十日夜

104
无处安放的心

十天没有信了，虽然并不怎样盼。不知你现在如何，眼睛上的东西总退了吧。

你们镇上一家本家最近遭盗劫是不是？我有点害怕。

住在监狱里的悲哀，还不及新从监狱里释放出来的悲哀，那全然是一种冷漠荒凉之感，像独个人在秋风中等死一样。

要是医生对你说，你还有几天工夫好活，生活在那几天里应该有些刺激。

这两天早上因为鼻腔出血，他们在面盆里看见了血，以为我吐血了，叫我留心身体早些睡，说得我很无可奈何。如果每天听见这种话，一星期之后我一定会真的害了肺病。

心没处安放，寂寞得难堪。

十二

105
不想过去，只想望未来

清如：

你"叽咕"得甚是有趣，算我能了解你吧。

思想有时使我苦痛。我自己常常知道自己错，但如别人以为我错时，我却永远不认错，有许多话我也说不来。近来常痛恨过去，我一点不以为消逝的总是美，反之我常愿意每一分钟重新做人过。一个人年纪大了起来，过去的记忆加重地负担起来，叫人活着不松快，最好是活到今天便把昨天的事情完全忘却。我们过去的交情不算尽如理想那样美，至少在我这方面说过许多蠢话，希望你能完全忘记了，我也允许你不向自己说过的话负责。

一个人能活得越轻越好，能在世上一无牵挂，永远像云一样飘着，不想过去，只想望未来，那样才是有意思。在感情这一方面，似乎我比你更能放任一些，实在我并不惧怕它会拘缚了我。有时我恨一切人，有时我觉得谁都可爱，比如在此刻，我很希望拥抱世间每一个人。

106
我不快活，我气

清如：

读了来信，我不快活，我气（不是气你），我知道我向你作了一个不应该的提议，你恕我吧。你的信给我的印象是存在于我们中间的绝大的鸿沟，谁要跨越一步谁就该杀，我如早明白这事实，我一定不要跟你做朋友。一切规矩礼法都是为一般人制定的，但为什么不能给特殊的人以较大的自由呢？说一句话走一步路都要怕嫌疑的世界，对于我是不能一日居的。谢谢你的提示，以后我把你是一个女孩子（诗礼人家的小姐，不是街头流浪的野孩子）这事实永远放在心上，感情用事的话也不敢随便向你说了。

一切是不痛快得令人不想活下去，想起来似乎我到你家里来也是多事，谁知道你家里的人不把特殊的眼光看我？

何处才能和你一同呼吸一点较自由的空气呢？要是我能忘了你，我一定忘了你，友谊如果一定要立界限，这种友谊是不卫生的。我灰心。

有便，也许仍然让我来杭州看你吧，男孩子是不怕什么的，只要你不怕我的话。我问你，你是不是因为我是个"男的"而有些怕我呢？祝福你吧！

照不到阳光见不到一张亲切的脸的你的绝望的朋友

107
真的爱，永久是生着根的

青子：

我觉得我已好久不曾给你写信了。在我看来，昨天和十年之前，全然是一样的事，因为它们一样属于过去。

我不知道如果我们一旦失了接触时，我们会不会和旁人一样疏远冷漠起来，不知道有时你会不会再想到我，也许那时我的印像全然是可笑的也说不定。你以不以为我很有点自私，如果我想永远占有你的友情？因为我不愿意失去你，因为我不愿意失去我自己。说不定也许真有一天我会不欢喜你，当我迷失了自己的时候，那时我希望你肯用一点努力把我拉回来，如果我不曾离开你太远。因为离开了你，我不会有幸福和平安的，你的心里才是我唯一的灵魂的家。这要求确实是过分，你肯不肯允许我？你知道"我不欢喜你"

这一件事对于你实际上是毫无损害的，因为你本不曾要我欢喜你，但对于我却有重大的关系，它的意义是一切的绝望苦恼和永久的彷徨。我知道即使我不欢喜你，我不能使我不爱你，因为欢喜不欢喜是心绪的转移，而真的爱，永久是生着根的，因此要是我不欢喜你了，我的灵魂将失去了和谐。

你的信在这时候到。I am veree veree happee（意为我非常非常快乐）。

贼来你叫不叫起来？你叫起来很好听。很奇怪昨夜我坐在椅子上瞎想（昨夜有人来，去了之后，觉得一个黄昏已经扰去了，索性出去看末一场的《亨利第八》，回来已过十一点钟，又坐了两个钟头才睡），我想像你还是睡在那个小房间里，忽然一个贼进来，于是你叫了起来……

四绝句的第一首第一句"凌云志气竟千秋"似乎有些不称，不要管它；"化得流萤千万只"，"只"字还是改普通一点的"点"字吧，你知道郑天然爱用"只"字，但我不喜欢。你的意思是不是说万斛愁都化为照在陌横头的流萤？第二首较好。

第三首略俚俗一点，但实际上"今日黄泥复白骨，当年同是上坟人"两句还是这四首中最真切感人的句子，我想可以加圈的。"甘载尘缘孰附身"好像不通，我也不甚懂，最好改过，"孰为亲"也不行。第四首可以不要，"夜月不知人事改"二句蹈袭太甚。拟咏怀诗毫无意义。阮嗣宗的诗骚忧沉郁，我极喜欢，你能多读读他也好，在不快活的时候。

我希望我在现在就死，趁你还做得出诗的时候，我要你做诗吊我，当然你不许请别人改的。

我非常之欢喜你，愿你好！

红儿　星期三

108
我一刻也不愿离开你

二哥：

星期日，今天我比平日早起半点钟，开开窗，先让外面的冷风洗我那留着泪痕的脸，默默地回味着甜蜜而感伤的梦境，感觉到真正的幸福。

因为昨夜我曾梦着你，梦得那么清楚而分明，虽然仍不免很有些傻气。我是到杭州来了，他们（我不知道他们是谁，但总之是他们）为着欢迎我，特为我开映卓别林的影片，你同着张荃也来了。我很想坐在你的身旁，但是座位都已占据满了，于是他们把我葬在坟墓里，连着坟墓把我扛到你的跟前。我可以隔着坟墓和你说话，但是看不见你，眼前只是一片黑，鼻子里充满了土气息泥滋味，以及自己尸体腐烂的臭味。"我要闷死了！"我痛苦地嚷着，但终于被我挣扎着从坟墓中伸出头来，虽然身体仍然被重压着动弹不得。这是一个颇有象征意味的开头。

后来我们并肩漫步着，我知道这个下午我要离你而去了，心头充满惜别的情调，但我知道这是个宝贵而幸福的瞬间，和你走在一起，更没有别人在旁边，我们好像说了许多话，又好像一句话也不说。我侧过头来凝望你的脸孔，这是第一回我在梦里看得你那样仔细，你并不发胖，但显然不像从前那样荏弱相，肌肤也似乎结实得多了。你的脸是那么明净那么慈爱，像秋之晴空那样地，像春之白云那样地，一个可以羽翼我的母亲，看得我哭了，我眼中并没有泪，但觉得我的全身，全灵魂，都充溢着眼泪，我希望世界赶快在这一个瞬间毁灭，或是像太阳照着雪人一样让我全身的机构一下子碎为粉末，播散在太空中，每一粒粉末中都含有对你的眷恋。我真不知道盈溢在我胸中的，是幸福、欢乐、苦痛、惆怅、或是什么。这些真是我梦中的感觉，并不是此刻为要把信写得动人而随便胡诌起来的。这是三部曲中的第二部，是一首浪漫主义的抒情诗。

后来你到厨房里弄饭菜去了，我因为一刻也不愿离开你，也跟着你去，你瞧我一弄都弄不来，但我尽力帮你的忙，我们一同炒肉丝饭，锅下的火很旺，火焰冲了起来，把我右手中指上烫起了泡，我说，"你看，我手指都烫坏了。"但我很骄傲很满足，你微笑着安慰我。跑出去吃饭，我弟弟们面前都是一碗满满的肉丝炒饭，我却只有一碗白饭，我待要叽咕，你悄悄地对我说，"不要吵，你就吃白饭好了"，我也就很快活地吃白饭了。这一段梦略有写实主义的情调。醒来之后，像是一个蒙了祝福的灵魂，恐怕起身之后会把这梦忘记，因此不住地记忆着每一个琐细的枝节，就像怕考问而温书一样。渐渐记忆有些模糊起来，人也倦了起来，闭上眼睛，好像身子在云端里，要飘起来了的样子，但终于不曾飘了起来。

我不要作你的哥哥，我愿意作你的弟弟。

十二晨

109
几时才许我看见你

好人：

为什么你欢喜叫我朱先生我总不懂，简直使我很悲哀。

我知道你成绩并不坏，如果从来不曾用过功，更见得你的天才，因此不用再自谦了，如果你门门功课拿1，我也不见得会更爱你一些。

我要寄一些外国花纸头给你。

No.1 "Scenes Galantes" of the Romantic Period（十九世纪法国名画四帧）

No.2 Sleeping Beauty（色粉素描）

No.3 猎人与枭（水彩）

No.4　舞蹈素描六帧

No.5　画人谑画九帧　附说明

很精美的印刷物，收到后告知我一声。

我想你得不得了，怎么办？几时才许我看见你？我明知你并不欺负我，但总觉得似乎你欺负我一样。地球明年要和某行星相碰，我们所处这一带很有陆沉的危险，要是不能多见你几次面，岂不令我饮恨而长终？

又怨又气又恨又伤心，你的来信也不能使我略快活一点，很想发神经病打地上滚。

我确信你是个女人，但我害怕你不大能做得来女人，正如你做起男人来也要失败一样。

不骗你，从那天为了你做了一次阿木林后，一直抱悲观到现在，时间重得拖都拖不动。

房间里是狗窝一样糟，窗外是单调的房屋和半片灰黑的天，耳朵里是怪难听的无线电播音和隔壁不断的放自来水的声音。一个黄昏从八点到十一点之间，那间洗脸室浴室兼厕所是永远没有空的，心烦的时候听着那种水声简直要发疯。其实如果有眼睛而不能见你，那么还是让它瞎了吧，有耳朵而不能听见你的声音，那么还是让它聋了吧，多少也安静一点。只要让心不要死去，因为它还能想你。

（下略）

110
现在只好自命为猪猡了

因为心里好像很高兴，所以就有点安定不下，所以就有点烦躁，所以觉得很气闷，所以心里不高兴。听见别人唧唧唧的谈话声，怪心烦的，没法子，写信。你不应该怪我老找你麻烦，因为是没法子，虽说是不久荒唐了两天回来，但星期日不准出去，总有点怨。特此声明，请你不要……

其实我很快活，我很快活，la la la。

我觉得我如作得出诗，一定会胖起来。从前多有趣，自命谪仙人的那种神气，现在只好自命为猪猡了，而且是瘦得不中吃的猪猡。呒啥话头，也无怪你不爱我。

你不要待朱朱好，他不好。

十九下午

明天我答应你不再写信。

111
无话

威灵吞公爵勋鉴：

　　鄙人今日曾写信一封寄奉阁下，写后未发，搁在抽屉里，出来后忘记带出。此刻虽欲写信，奈无话说，因无话说，遂不说。务祁恕罪为荷。谅阁下宅心宽厚，必不我责也，此则鄙人之所深为盼祷者矣。近来天时既冷，气候又寒，务望保重，且希珍摄，免致为寒气所凌，则幸甚矣。夫人生于世，不可不卫生，岂不然哉？岂不然哉？敬请大安。

鄙人约翰斯密司顿首

主耶稣纪元一千九百三十五年十二月十一日。

112
你虐待了我

我近来很容易倦。夜里看书看到十一点钟，简直没法再看下去，勉强再挨了半点钟，才无可奈何地睡下。嘿，昨夜出了一件事。正在熟睡之际，忽然有很大的POP！！一声，把我惊醒，吓得在床上跳了三跳，疑心是被头里放着一个气球，因为翻了个身把它压破了；当然不会是炸弹吧？也许是……（不甚雅驯，故抽去）？也许是……可是这些假设都不合事实与逻辑，因此我亮了电灯披了衣裳起来察看，门角落里床底下都看到，可是找不出什么问题来，一直找到天亮，才发现……你猜是什么？要不要我告诉你？原来是……原来是我的心碎了，当然是因为你虐待了我之故。

不要胡说！

因为要赶着完成那部"巨著"，被驱得团团转，这种工作你做上一天（假定你做得来的话），一定要发神经病。还要改函授学校课卷。一位常熟的仁兄，英文字写得很像你，写的什么我懂都不懂，真是宝货。

我希望世界毁灭。明天星期，hurrah（感叹词，表示欢呼）！这个星期过去得真慢。

所有的人都像臭虫，宇宙是一个大的臭皮囊。

五九

113
谁还能做这种滑稽的梦

因为某种令人感到无限厌恶的事，忍不住讥笑与侮辱，我负气出亡，逃到一个荒漠的地方。那似乎是亚洲之外的别一洲，地土非常荒瘠，连土人野兽也都已绝迹，只有一批不容于国内的叛徒在此啸聚着，度着艰苦的生涯，据传闻他们都是非常剽悍凶恶，陌生人一到他们的手里都有丧生的危险。我一到那里，首先便遇到了两个风尘憔悴的白种人，初时以为他们便是传说中的凶徒，但后来知道也是两个不幸的旅行者，于是便共同计议着躲避我们可怕的敌人的方法。这群啸聚者时时派人到地面巡逻，我们一听见细微的脚步声，便赶紧缩在山洞隐蔽的所在。

后来他们把一袋食物故意放置在我们的地方，忍不住饥饿的引诱，才一探出首来，便被他们抓去监禁了。之后我探知他们并不是如传闻那样穷凶极恶的人，原都是有血性的侠少年，因不满国内的政治，或公开地叛变，失败逋亡于此，所以严防外来的人，也无非害怕是政府遣来的侦探，要将他们缉捕的缘故。

然而我却憎恶起我那两个同伴来，他们正在用卑劣的方法设法通知他们国内的政府，详细告知此地的一切形势，将有不利于他们的俘获者的企图。一知道了这，我便不顾卖友的嫌疑，把一切去告诉了党徒的首领。这两人知道事发之后，一个已吓得半死，一个在被呼唤着拿去捆绑的时候，却紧紧地抱住我的腿，像要生噬我的样子，那首领拔出枪来，把他击死了。后来我也成为他们中的一个，过了好些年头，一方面努力于植物学上的探求。这样地到了垂暮之年，这一群人也逐渐地零落起来了，而生活的困苦则年甚一年。

我又思念起故乡来，久已忘诸脑后的你的可爱的影子，也突然在我心中复活起来，使我感到无限的牵萦。最后决定一个人芒鞋负担，飘然潜归，只遗留给那些朋友们一件贵重的物事，是我新近搜探的发现。那是几根小小的草秆，其中各有几个如臭虫一样的小虫，这些虫的腹中各有一粒谷子，把它们埋在地中，它们死了之后，谷子便会在沙地上生长起来，和稻麦无异。

自己飘然回到故国之后，认识的人是一个都没了，而且深信你也已经死去，但终于在一个角落里访到了你，你是那么老得使人完全认不出来，倘使不是因为你的姿态在我心中留下太深刻的印象的话。耳朵完全是聋了，只眼睛却像少年人一样明亮，人家说你这些年来完全不曾说过一句话，也许简直连说话都已忘记了。

我知道你一定怪我当初的杳无音信的出亡，我永远想不出，别人也不能告诉我，你这些年来的生活的情形，你自己则除了你的形态之外不能使人相信还是个活人，除了眼灼灼地注视之外，你全然不动情感地看着我归来，我也不知道你还认不认识我。但我既然已回到你的身边，我已满足了，我发现你的美好并不曾随着外形的消枯而失去，我找得出一切过去梦似的记忆，我重又感到了青春的血在流，当我像小孩一样在你沉默的怀中打滚的时候，我想像你是在抚我爱我，所以不如此者，只因为你已完全忘记了这些动作之故。总之我又沉醉在爱天恋地之中，虽在旁人的眼中那是如何可笑。最后有一天我们死在一块儿。

除了我，我的朋友，谁还能做这种滑稽的梦？

三日

不要相信任何巫卜的话，我愿意把那算命的打一个大嘴巴。

114
我的生日是随便的

弟弟：

你写得出信写不出信我都不管，如果我在想要读你的信时而读不到你的信，我便会怪你。不过你也可以不必管我的怪不怪你。我怪你有我怪你的自由，你写不出信有你写不出信的自由。写信的目的是在自己不在别人，因此我并不要你向我尽写信的"义务"，虽则你如不给信我，我仍然要抱怨你的。而这抱怨，你可一笑置之。

曲子填得很像样，不过第二阕似有一二处不合律，如一天飞絮句，冻禽无声句。

似乎我曾告诉你过我的诞辰，否则你不会说"忘了"，不过我也忘了我告诉过你的是那一个日子，因为我的诞辰是随便的。闻诸古老传说，我生于亥年丑月戌日午时，以生肖论是猪牛狗马，一个很光荣的集团！据说那个日子是文昌日，因此家里一直就预备让我读书而不学生意。是为宣统三年十二月十五日，因为我不愿意把自己的生日放在废朝的岁暮，做一个亡清的遗婴，因此就把它改作民国元年二月二日，实际上这二个日子在一九一二年的日历上是同一个日子。不过我并不一定把这一天作为固定的生日，去年我在九月三十过生日，因为我觉得秋天比较好一些，那天天晴，又是星期日，我请吴大姐吃饭，她请我上大光明。之后她生了我气（是我的不好），后来大家虽仍客客气气，并不绝交，不过没有见过面。

你的生日大概在暮春或初夏之间是不是？我想你应该是属牛的，因为如果你属老虎，那将比我弟弟还要年轻几个月，有些说不过去，照理你应该比我还大些，不过这个我想还是怪我生得太早罢。作诗一首拟鲁迅翁：

> 我所思兮在之江，
> 欲往从之身无洋，
> 低头写信泪汪汪。
> 爱人赠我一包糖，
> 何以报之兮瓜子大王，
> 从此翻脸不理我，
> 不知何故兮吊儿郎当！

今天《申报》上标题《今日之教育家》的社评做得很好，他说今日学校之行政者不应因循怕事，徒为传达上司命令的机关，应当与学生步调一致，以争国家主权的完整，谈安心读书，此非其时，第一该先有可以安心读书的环境。我说这回的学生运动如果仍然被硬压软骗的方法消灭了去，未免可惜，虽则事实上即使一时消灭了将来仍会起来的，但至少总要获得一些除欺骗以外更实在的结果。

我顶讨厌满口英文的洋行小鬼，如果果然能说得漂亮优美，像英国的上流人一样那倒也可以原谅，无奈不过是比洋泾浜稍为高明一点的几句普通话，有时连音都读不准确。我一连听见了几个 tree，原来他说的是 three。我也不懂为什么取外国名字要取 Peter, John 一类的字，真要取外国名字，也该取得高雅些，古典式的或异教风的，至少也要拣略为生僻一些，为着好奇的缘故，这才是奴洋而不奴于洋。

女人最大的光荣在穿好的衣服，这是指一般而言。

我昨夜做梦，做的是你和 Sancho Panza（吉诃德先生的著名的从者）投义勇军的故事，你打扮得很漂亮，脂粉涂得很美，穿着一件绿袍子。你有些不大愿意入伍，想写好信请邮务局长盖印证明有病暂时请假，后来我说不要，我也从了军大家一起上前线吧。那个 Sancho Panza 这蠢小子，原是我的仆人，他在一个有芦席棚的院子内和许多人一起喝茶谈天，忽然有人来说你们这些人中应当推出二十个年富力强的人作为代表而加入义勇军，可怜的 Sancho 也在二十人之列，他本是个乐天和平的家伙，吓得屁滚尿流。

今天早上天已亮人已醒的时候，在枕上昏昏然做起梦来，梦见在一节火车里，有一个少年因受家庭压迫而逃出来，忽然跳上好几个持手枪的人来，勒令停车，逼这少年跟他们同回家去。正在这时候，娘姨端进面水来，我并不曾睡着，随随便便看了看表，已经八点半了，连忙起来，梦便不复做下去，可是很关心那少年不知是否终于屈服。这确实是个梦，并不是幻想，而且火车里的群众，少年的面貌，持枪者的衣服，起身的时候都还记得。

贵同乡徐融藻很客气向我贺年，你如高兴见了他为我谢谢。

虽然写不出什么来了，总还想写些什么似的，算了。我待你好。

叽里咕噜　十二月卅日

Letter ♡

朱生豪的情书里，
总荡漾着浪漫的诗意和无限的想象，
他曾经说："我希望我现在就死，
趁你还做得出诗的时候，
我要你做诗吊我，当然你不许请别人改的。"

115
诗集只是自己写给自己看的

宋：

你的字写得真不好看，用横行写比较看上去齐整些。

这里连雪的梦都不曾做过，落在半空中便化为雨了，我们也不盼雪，根本没甚意思，还是有太阳可以走动走动活泼一些。一九三六年是在这阴惨的日子里开始了的，昨天的过去，不曾给我牵情的系恋。本来抵庄一个人在外边流浪一天的，看了一场早场电影《三剑客》，很扫兴，糖也不买，回来咕嘟着嘴躺在床上昏昏沉沉地看《醒世姻缘》泼妇骂街了。

天初冷时很怕冷，冷惯了些时却根本不觉得什么，每天傍晚或夜间，不论风雨，总得光着头在外边吹了一遍冷风回来。

有闲钱，自己印几本诗集送送人，也是无可无不可的顽顽儿，只要不像狗屁一样臭，总还不是一件作孽的事。只是不要印得多，也不要拉什么臭名人做臭序捧场，印刷纸张装订要精雅玲珑，分送分送亲近的朋友，也尚不失为风雅。可是不出诗集最好，因为这种东西实在只是自己写给自己看的。

我只想变做个鬼来看你，我看得见你，你看不见我。总有一天我会想你想得发痴了的。

我不要有新的希望，也不要有新的快乐，我只有一个希望，这希望就是你，我只有一个快乐，这快乐就是你。祝愿魔鬼不要使我们的梦太过匆忙地结束，凭着Lucifer的名字，Amen（阿门）！

Julius Caesar

（裘力斯·凯撒，莎士比亚同名历史剧中主人公名字）

116
我不准你比我大

小妹妹：

你那里下雪，我这里可是大晴天。如果你肯来上海，那么我就不来杭州了，我最怕到杭州来的理由是要拜访老师。而且到十五六里，我的钱又要用得差不多了。

我不准你比我大，至少要让我大你一岁或三个月。要是你真比我大，那么我从今后每年长两岁，总会追及你。明天起我就自认廿五岁，到秋天我再变成廿六岁。其实我愿意我的年纪从遇见你以后才正式算起，一九三三年的秋天是我一岁的开始，生日待考，自从我们离别以后，我把每个月算作一年（如果照古老话一日三秋，那是太过分些），如是到现在约已有三十个月，因此我现在已满三十一岁。凡未认识你以前的事，我都愿意把它们编入古代史里去。

你在古时候一定是很笨很不可爱的，这我很能相信，因为否则我将伤心不能和你早些认识。我在古时候有时聪明有时笨，在第十世纪以前我很聪明，十世纪以后笨了起来，十七八世纪以后又比较聪明些，到了现代又变笨了。

我从来不曾爱过一个人像爱你那样的，这是命定的缘法，我相信我并不是不曾见过女孩子。你真爱不爱我呢？你不爱我，我要伤心的，我每天凄凄惶惶的想你。我讨厌和别人在一起，因为如果我不能和你在一起，我宁愿和自己在一起。

暂时搁笔，你笑我傻也随你。愿魔鬼保佑我们，因为他比上帝可爱一些。

伊凡叔父。六日午

117
没有诚意

宝贝：

"朱先生"是不是一种表示亲密的称呼？

你一点没有诚意，你希望我来，你请我不要来，你不耐烦"应酬"我，我要打你手心。

我待你好。

多多　九

世界书局出版的滑头古书，真令人不敢领教。今天我把附在古诗源后一个妄人所选的古情诗翻看了一下，那种信口雌黄真教人代他难为情，尤其是前面那一篇洋洋数千言谈"性欲与爱情"的序文，不但肉麻，连骨头五脏六腑都会麻起来。这位先生据说是把尸位素餐的素餐解作"吃菜饭"的人，然而居然会大说起四书五经起来。当今之世，呒啥话头。

118
此行使我充满了幸福感

清如：

一辆黄包车载了我回来，敲开了门，向陆师母招呼了一声，便飞奔上楼，放下伞，摔下套鞋，脱下贼腔的帽子，披上青布罩衫，觉得比较像一个人些，肚子里也开始觉得有些饿了，出去吃了六个馒头，回来出了一回神，倒头便睡，心酸而哭。睡到七点钟起来，马马虎虎吃了碗饭，想昏天黑地地睡下去，觉得心事未了的样子，便写信。

想着自己的一付贼腔，真又好气又好笑，你真没有理由要和我要好。你气色很好，我很快活，我总觉得你很美很美。你和我前夜梦中所见的很像，我看了看你的照片（照相馆里拍的那张），心里有点气，人工的修饰把气韵都丧失了，简直不像你。下回如赴照相馆拍照，我劝你拍一张侧面像试试，全侧面的。

此行使我充满了幸福感，你不要想像我又起了惆怅，即使是惆怅，也是人生稀有的福分，我将永远割舍不了你。近着你会使我恼恍，因此我愿常远远地忆你。如果我们能获得长寿，等我们年老的时候，我愿和你卜邻而居，共度衰倦之暮年，此生之愿足矣！

回家安好且快乐？不要多想起我！祝福。

朱　十六夜

119
诌出一个故事

要是有人叫我不许和你写信，那我一定要急得自杀，然而一方面觉得非写不可，一方面又真是没有可写的话，如之何如之何！

好容易诌出了一个故事：

从前有一个少年，他爱了一个女子，一共爱了三年六个月，她还不知道她自己被爱着。那一天他闷不住了，红红脸孔对她说"我爱你"，刚说了个我字，莫名其妙地心中想起，"国家快要亡了！"吓了一跳，爱字上半个字只说了一半，便不再说下去，红红脸孔转身而去。后来她嫁了人，他仍旧一声不响地爱着她，国家仍是快要亡了的样子，他很悲伤，不知道如何是好。

因为华北已失去而不准人写风花雪月的诗，写惯新月体现代体的新诗的，一定要转过来学冯玉祥体，总不大妥当。马赛歌是一支好曲子，但说法国革命成功是它的功劳却太夸张了吧。你看这一段话和上面这故事有什么关系？

我廿二上午动身回家，廿六晚上回到上海，因此你在二十至廿四之间如有信写给我，请寄到我家里，我会盼着你的。

玻璃窗上有很美的冰花，今天我正式穿皮袍子，去年新做的，一直搁在箱子里不穿。

我待你好，爱你得一塌糊涂。

白痴　十八午

120
偷逃出来去看你

好友：

今天又是星期日，因为他们要多过一天年假，因此把今天一天作工补偿，其实四天工作，对我已经是够"享乐"的了。

我最讨厌说傻话，最讨厌作蠢事，当我说傻话作蠢事的时候，我便讨厌我自己，然而我老是说傻话，老是作蠢事。因此你如讨厌我，我不会嫌怪你，你如不讨厌我，我则感激你。

　　我总觉得我缺少男子气概，但又并不像女人，因此只好说自己不像个人。我希望有一天你会把我痛骂一顿而跟我绝了交。告诉我，你追悔不追悔认识我的无聊？

　　KIPLING（吉卜林，英国作家）死，他该是代表维多利亚朝精神的最后一个作家了。你有没有在英文的读本上读到过他的作品？

　　到家里去惟一的希望是多睏些觉，此外也想不出甚么消磨时间的方法，我不会有什么事情忙，也不会去拜甚么客，无聊是总归无聊的。还是那晚上一个人踽踽地从火车上下来，冒雪上山，连路都辨不清，好容易发现了一部黄包车，一跌一滑地在雪中拖着，足足拖了半天工夫才拖到。我向你形容不出我那时的奇怪的愉快，我也忘记了这次来是为看你，简直想在雪中作一次整夜的旅行，那才有聊！无论如何，我总觉得这次来看你较之以前各次使我快乐得多，最大的原因是因为这次是偷逃出来的缘故。回来之后，他们问我回家去有什么要紧事，我只回答一个神秘的微笑，心里有说不出的满足，仿佛一个孩子干了一件有趣的mischief（恶作剧）一样。你看，所以你如要怪我这次不该来，我会大大地懊恼的。

　　我相信你仍旧喜欢我的，是不是？

我　十九

121
话说得完，意思诉不尽

宋：

干么你要问我会不会追悔这次的无聊？你告诉我要怎样才算不无聊。如果你能想到我每天过着这种无聊的生活，如果你能想到我多么想望着逃避，即使是至短的暂时也好，你就不会这样说了。我知道这对你是无聊，我也知道每次你来看我或允许我来看你，都只是因为你顾念我，不忍令我不快的缘故，但你如明白你对于我的意义远甚于我对于你的意义，那么你就不会以你的观点来评衡我的观点了，虽然这也许是我们唯一不同之处。

我不愿说我的"瘦了"是因为思念你的那种可笑的蠢话，但你知道我没有可以变胖的理由，除了接读你的来信之外，没有什么可以真使我高兴的事，也许换一下环境会对我有益，但我并不相信，世界到处都是一样，既瞻望不见向前的路，也没有可以归向的地方，我总想不出我们活着是为什么。但下回你看见我时，我允许你不给你以"更瘦了"的印象，倘使你肯不因为"无聊"而不愿让我见你的话。

关于结婚的意见你知道我是完全和你同意的，想来你也不会对我有什么误会。过了三十四十以后，也许我会随随便便地结一次婚，但那时我一定把自己认为已经完全死去，而且那时我们也一定不复是朋友了。我不希望有那一天，因为我还想照着我的理想活下去。无论如何，我现在还算是过着幸福的日子，因为我还享有着你的友情，我不敢往以后想，也不愿我们的关系会发生任何种的变化，结婚是一件太不自然的事，至少我相信我是不能使你幸福的。

如果你说你明白我，完全了解我，我将十分感激你，比之你我没有更亲爱的人可以诉说这一切。

话说得完，但意思是诉说不尽的，虔诚的祝福！

朱　十九夜

122
允许你今天不写信

清如：

要是你和我结了婚，或者你做了我的母亲，我相信我每天要挨你的骂。这并不是说你是那样凶，实在人家见了我不由不生气，我自己也每天生自己的气。

其实你并不曾骂过我，但每回你的信来了的时候，我总害怕这回你要骂我了。其实你仁慈得像菩萨一样，然而我总有点怕你。这理由我想我可以解释。大凡在一个凶恶的后母手下的孩子，他对他的暴君的感情初时是畏惧中杂着憎恨，等到被打过的次数加多以后，就没有畏惧而只有敌意的憎恨和反抗了，越打他，他越不怕。但在慈母手下的孩子，则她的一颦眉一板脸就会使他心慌。

顶令人气闷的是等放假，尤其是放假前的第二天，到处是那样无聊。又盼不到信。

我有一本外国算命书，今年我的流年：岁首有重大消息，须作一次大冒险，但结果意外美满（news of A1 importance early in 1936, a big chance will have to be taken, but reward will surpass all expectation）。如果你告诉我你的生年月日（阴历的我能推算作阳历），我也可以告诉你今年的流年。

无聊，不要骂我！

朱　十九

曾允许你今天不写信，故写昨天的日期。

123
人生渺茫得很

我真想死了干净，做傻子太没趣。

放开喉咙喊一阵，倒是很痛快。

你如肯把我的信全部丢了，我一定很感谢你，免得丑话长留，已经写出的信再要向人讨还，那种是不男子气的举动，我不会的。你的信我也不会藏之名山，等我们友谊破裂的时候，我会把它们一起毁掉，要是我们到死都是好朋友，那么我将在临死前叫他们当我面把它们烧了。

人生渺茫得很，不知几时走完这段寂寞的路。一颗血淋淋的心强装着笑脸。

我们彼此走各人的路，总有一天会越走越离越远的吧？就是将来彼此成了陌生人也是可能的事，你说是不是？

我真是像卓别灵所描写的那类人物，那个寂寞的影子使我非常悒郁。

到家安好？愿你有一切的快乐和幸福。虔诚地为你祷祝。

我是你的可有可无的朋友

124
也许你望着月亮时，我正在想你

宝贝：

说得那样可怜。自己要别人忘记你，别人信刚写得略微迟一点就那么急，真有意思！我不会恼你的，即使你的话说痛了我的心也仍是欢喜你的。也许你望着月亮的时候，我正在想着我的宝贝笑哩，或者是正神往于那天的同游也说不定。

回答我，不准含糊：究竟您愿我待你好还是不愿我待你好？只回答我愿与不愿，不准说其余的话。如不回答，只算你默认愿意。

明儿你上北方去，大概我已经死了，否则总不会不知道，也许我连做人的一半资格都没有，所以你说没有半个人知道。我想我一定要更多的写信给你呢，也许那时心情好一些，能说一些略为有意思一点的话，你也有更多的物事好告诉我吧？别离是只使我更爱你的，想到我的好人一个子跑得那么远，无论如何，要不爱她是不行的。

日子过得非常恶劣，只想你是我的安慰，昨夜我梦见你的。

朱

125
我懊丧极了

姊：

我懊丧极了，怨、恼、苦、气、恨、愁、悲、惨、闷、伤心……为什么？不为什么。

昨天夜半房间里闹水灾，隔壁人家自来水管爆破，水从墙缝里钻了进来，几乎人都淹死（此夸张语也），房间里弄得一塌糊涂，今天那边修好了之后，戽出了几提桶水，你想我怨不怨？

信又盼了个空，罩衫臂上又撕破了一块，一切的一切，怨之不尽。昨夜局方开结束会议，大家都有减薪希望，但看今天有没有甚么通知，如果太不情了，我辞职书底稿也已经打好：

"总理先生大鉴，上海居大苦恼，拟回家乡吃黄米饭，请准辞职！"

拿他两个月津贴，回家白相（上海方言：玩儿）半年再说。

明天下午或后天早上动身回家过年去还未定，要是到家后仍接不到你信，以后永远不待你好，死了之后变恶鬼永远跟你缠绕，拜四十九天梁皇忏给我也没用。

但现在我仍待你好。

弟弟　廿一

126
我愿把我的灵魂浸入你的灵魂里

好友：

我不知道今天是年初五还是一二八（1936年1月28日是农历正月初五）。唯一想得出可以说的话便是今天天气很好。

无论说什么话，总觉得很可笑，无非是一些可耻而无味的废话，然而也只有借这个方法，才能打破时间空间拦在我们中间的阻隔，要是想得出一个更好的方法，可以使我们永远在一起，又永远不在一起，那就好了，因为如果单是永远在一起，便尝不到相思的美味了。

我愿把我的灵魂浸入你的灵魂里。你在我脑中的印象一天比一天美好。我说不出话来。

朱

127
在梦里筑了一座宫堡

澄哥儿：

今天天气很好，心里有点松快，可是又闷得快要闷死的样子，要是身边有钱，一定在家里坐不住。你不知道那个Flaubert（福楼拜）多少可恶，净是些古怪的生字，叫人不耐烦看下去。唉，我昨夜做的梦真有趣，尸首从床板上跳起来，身上还淋着脓，哎，啧啧，我一看不对，连忙奔下楼。昨天不是我说我多么爱你吗？这种话你不用听就是，因为我怎么能自己知道我爱不爱你呢？天晓得你是多么好！我要是从来不曾读过英文就好了，那种死人工作恨一百年都恨不尽。

今天才初八，还要等你至少一星期，真心焦！唉，我透了一口长长的气。你说我写些什么好呢？我什么话都没有，你只痴痴地张大了眼睛（我说的是你的照相），一句话也不响。要是谁带点糖来给我吃吃就好了。如果我亲你的嘴，你打不打我耳光？我真不高兴，真怨。你房间里冷不冷？情形真是一年坏一年……不说了。

我在梦里筑了一座宫堡，那地方的风景真是好极了，你肯不肯赏光常来玩玩？我特为你布置了一间房间，所有房间中最好的一间，又温暖又凉爽又精巧又优雅。窗外望出去的山水竹树花草，朝晨的太阳，晚来的星月，以及飞鸟羊群，都是像在一个神奇的梦境里。你这间房间我每天吩咐一个美秀的小婢打扫收拾，但别人不许进去一步，即使你永远不来也将永远为你保存着。我真不知道要怎样才好，早早死了就好了，做人真没有趣味。谢谢撒旦的父亲，日子快些过去才好！你已经三十岁，是个老太婆了，实在日子过得真快，我还亲眼看你从娘肚子里一二三开步走地跑出来呢，那时我还是个毛头小伙子，如今老了，不中用了，国家大事被后生小子弄得一团糟，也只好叹口气罢了。总而言之，还是让我以这垂朽的残生爱着你直到死去吧！你是世上最可爱的老太婆。

傻老头子

128
旧瓶子总是装不下新酒的

宝贝：

我不想教训你，大家彼此原谅原谅吧。只有长进的人才配教训不长进的人，你说是不是？我希望你永远不长进，因为你长进了一定不再待我好了。

我压根儿看不起诗，尤其看不起旧诗，尤其看不起做感事一类的诗。做得不好固然臭，做得好也不过和唐朝人的感事一样，一点也看不出感的是一九三六年的事。旧瓶子总是装不下新酒的（有一位先生看见这一句话就要生气，因为这句出于圣经，原来是说盛酒的"革囊"，并不是"瓶子"，瓶子是后学者的传讹，其实我看瓶子也可以通得，何必如此顶真，你说是不是？），要是杜甫活在今日，一定也不会写那种七字八句的感事诗。律诗绝句这一类货色，顶多是一种玩意儿，吟吟风月，还可以卖弄一些小聪明，真要把国家大事之类弄进去，总脱不了滥调，新鲜的思想是无论如何装不进这么一个狭窄的圈套里的，你说是不是？

以宝贝的大作而言，颈腰联都对得很完整，末句是很不合律的，你说是不是？而且……而且很不好。无题一首戏作我希望你把它算作不曾作，因为出韵还不打紧，如把人字和心字相押之类，但天字可和头字叶韵那太自由了，你说是不是？

天是如此之冷，我今年开春以后，手上冻出冻疮来，现在在出脓，你瞧作孽不作孽？

我抱抱你。

二毛子　星期三

129
我愿意你享受好晴天

姊姊：

不要厌世好不好？有什么委屈告诉我。如果想要哭就哭好了，如果哭不出来，也就不用想。自杀没趣味，我宁愿被你杀死快乐得多。

我希望天下雨，当然这并不是希望你去不成宜兴，我愿意你享受好晴天。在这里，让一年到头淋着雨吧，因为更适于我的心境，好天气是更令人心烦的。

师母越来越肉麻了，老是管着儿子女儿叫宝贝心肝肉肉。

我真想你得哭出来，愿你好，快乐！

Poor Tom（意为：可怜的汤姆） 廿五

130
灵魂饿得厉害

好姊姊：

今天中午回来，妹妹带着随随便便的神气对我说，"你房间里有一封信"，一跳跳到楼上，信并没有，虽然知道受了骗，可是也许被风吹在地上，也许被放在书底下枕头底下抽屉里，仍然作万一之想地空寻了一番，好像你并不是昨天才有信给我的。

说不出来的闷，空虚，灵魂饿得厉害。鬼知道这种罪几时才能受满。

我们廿九、三十两天不作工，廿九是星期例假，三十补革命纪念日假（或者说廿九是革命纪念日，三十补星期例假均可），虽承公司方面的好意，实在也并不十分欢迎，一切事情天晓得！

我把我的灵魂封在这封信里，你去旅行的时候，请把它随身带在口袋里，挈带它同去玩玩，但不许把它失落在路上。

幸亏世上还有一个你。我弱得厉害，你不要鄙夷我。

所有的祝福！

　　　　　　　　饿鬼　写于没有东西吃的夜里　廿六

131
此身自问已和一切艺术绝缘

清如老姊：

松江有一个教员位置，有人已向我说过，大概有六七分把握，不过如这学期就要去上任，想起来有些心慌，而且我也不甚喜欢松江，又小又寂寞。

郑天然寄了三本《世界名曲文库》给我，门外汉买给门外汉，甚为抱歉。《俄罗斯歌曲集》和《Falla 歌曲集》还可以念着日本字哼哼，那本 Schubert（舒伯特，奥地利作曲家）就只好看着发呆。顾敦儒已敦促了几次纪念刊的稿子，而且特别指定要白话诗，"能此者甚少，非借重不可"，实在难于应命，你替我代做不好？小弟此身自问已和一切艺术绝缘，想起来寂寞得很。

你几时走？

我不知道恋爱是否原来就是一件丑恶的东西，还是人把它弄丑恶了的，但无论如何这两字总不给人好感。我希望人家不要以为我和你发生了恋爱，而且我写给你的信也并不是情书。——可笑的蠢话！

想要谈谈时局战争一类的话，可是谈不来，不谈了。

如果天真能倒下来，就好了，省得我明天还要跟你写信。你觉得我讨不讨厌？

我待你好，我待你好，我待你好，我待你好。

卅

132
我很安静，不淘气了

宋：

说过的傻话请不要放在心上。

今天我很快活，因为清晨走在路上，看见一个中国巡捕，脸孔圆圆的，一头走路一头眼睛眯着打瞌铳，样子甚可爱。

昨天借了六本弗洛伊特的《精神分析引论》，一口气看完了。今天毕竟又去把 Jane Eyre（《简·爱》）买了转来，一块钱。

我很安静，不淘气了。我猜想你明天会有信来，我有点害怕，不知你要说些什么话，我真不好。

虔诚的忆念和祝福。

不好的孩子　七日晚

一首蹩脚的诗请你指正。

133
我一点也不讨厌你

你要不厌倦生活，法子很多，或是找些危险事情做做，或是……我不告诉你了，听你去厌倦吧。我自个儿也是厌倦的。

等你做了大官之后，我便和你绝交。照你的说法，好像做了大官是理该看轻人的。但是我相信你做了大官的时候，我一定已经得到了诺贝尔文学奖金了——为了我编的一本《英汉五十七用辞典》。

你有各种使人讨厌的理由，然而我一点也不讨厌你，因此这是很奇怪的。我敢确定地说今天我仍跟昨天一样喜爱你，我可以担保明天也是一样，我希望后天大致也不会变更，至于大后天则是太辽远了，谁能说第三次世界大战在什么时候爆发呢？

我的信总写不好，第一缺少热情，第二毫无意味，尤其要令你皱眉头的，我还居然想要——怎么说呢？——●●●，虽然●●●●●●，对于●●●●仍有些●●●●。

朱生豪

134
除了你之外我愿意忘记一切

清如：

天一晴，就暖，一阴一雨，就冷。今天又下雨了。然而晴雨终引不起我任何感兴，随便怎么总是一样的。但你的每一封信，给我的喜悦，却也可说是一线阳光的照耀，也可说是一阵甘霖的滋润。即使是深知如你也没法想像你的一句轻轻的话，对于我有何等感激奋发的力量。

人真是感到辛苦得很，巴不得有一个月休息才好。如不是你安慰着我，我真不乐此身，老是这样活下去在这种寂寞的地方，真不是可以开玩笑的。何况心里的冤屈诉说不尽，我简直不愿想起从前的一切。除了你之外我愿意忘记一切，一切都只是梦而已，只让我相信你是真实，我爱你是无限的。

不要对自己失望，你有很好的天禀，作品的内容是会随生活经验而丰富起来的，至于读书乃是一种助力和修养，我永远期望你比我有出息一些。

想起你在杭州的时候大概不会多了，我为之江恋你。

愿你永远快乐！

朱朱　十日傍晚

135
你是天使，我是幸福的王子

好友：

我懒得很，坐在椅子里，简直懒得立起身来脱衣裳睡觉，看了几页小说，闭了眼睛出了一下神，又想写信，又有点不大高兴。今天有了钱，也吃到了你的糖，糖因为是你给我吃的，当然格外有味，可是你知道，一个人无论怎样幸福怎样快乐，如果他的喜乐只有自己一人知道，更没有一个可以告诉的人，总是非常寂寞的。如果我有一个母亲或知心的姐妹在一起，我会骄傲而满足地对她说，"妈，你瞧，我有一样好东西，一包糖，'她'给我的。"她一定会衷心地参与我的喜乐，虽然在别人看来，一点也不值得大惊小怪的。

编辑所里充满了萧条气象，往年公司方面裁员，今年有好几个人自动辞职，人数越减越少，较之我初进去时已少了一大半，实在我也觉得辞了职很爽快，恋着这种饭碗，显得自己的可怜渺小，可是自己实在什么都不会干，向人请托谋事又简直是要了我的命，住在家里当然不是路数。我相信我将来会饿死。

听两个孩子呼名对骂，很有味道，打着学堂里念书的调子彼此唱和，哥哥骂妹妹是泼婆大王，妹妹骂哥哥小赤佬，以及等等。

明天再说。你是天使，我是幸福的王子。

朱 十一

136
如果爱你没意思，不爱你更没意思

好人：

我不要翻日历，因为它会骗我只不过是三数天，但我明明觉得有好几个月了，你不曾有信来。

无锡有没有去？你有没有热坏？

明天起又要改到早上七点半上工了，全无人道可言，这种天气，只有早上是比较可以睡睡的时间。

我们英文部越来越不像样了，昔我来矣，主任之下连我算在内有四位大编辑，和六七位校对先生，现在除主任之外，算是编辑的只有我一个，校对剩了三个，可怜之至。

前天看电影《仲夏夜之梦》，不很满意。

你今天仍旧待我好的，是不是？我真爱你，不要说我说诳，但并不怎么样，因为这是一句没有意思的话。但我不因为没有意思而不爱你，因为如果爱你没意思，不爱你更没意思。

虫　卅

137
有你在一起总值得活

好人：

前晚兄弟来，和他玩了一晚一天，昨天回去时很吃力，因此写不成信。

你很寂寞，如何是好？我又想不出说什么话。

曾经梦和你纳凉夜话（据说我们已结婚了好多年），只恨醒来得太早。我希望我们变作一对幽魂，每夜在林中水边徘徊，因为夜里总是比白天静得多可爱得多。

我想你活不满六十岁，但也不至十分短寿（因为现在已经很老了，是不是？）我希望你不要比我先死，但如果我比你先死我也要恨的，最好我们活同样年纪。我很愿我们都活三百岁，无论做人怎样无聊，怎样麻烦，有你在一起总值得活。

这信暂时以此塞责，等我想想过后再写。

我待你好。

鲸鱼　十七

138
胡言乱语

宋：

以后我接到你信后第一件事便是改正你的错字，要是你做起先生来老是写别字可很有些那个。

可是我想了半天，才想出"颠顸"两个字，你是写作"瞒盱"的。

你有些话我永远不同意，有时是因为太看重了你自己的ego（自我）。的缘故，例如你自以为凶（我觉得许多人说你凶不过是逗逗你，他们不会真的慑伏于你的威势之下的），其实我永远不相信会有人怕你（除了我，因为我是世上最胆怯的人）。

随你平凡不平凡，庸劣不庸劣，颠顸不颠顸，我都不管，至少你并不讨厌，至少在我的眼中。你知道你并不真的希望我不要把"她"放在心上。

关于你说你对我有着相当的好感，我不想grudge（嫉妒），因为如果"绝对"等于一百，那么一至九十九都可说是"相当"。也许我尽可以想像你对于我有九十九点九九的好感。我觉得我们的友谊并不淡淡，但也不浓得化不开，正是恰到好处，合于你的"中庸之道"。你的自以为无情是由于把"情"的界说下得过高的缘故，所以恰恰等于我的所谓多情。要是我失望，当然我不会满足，然而我满足，因此我不失望。至于说要我用火红的钳子炙你的心，使你燃烧起来，那是一个刽子手的事（如果有这样残酷的刽子手，我一定要和他拼命），我怎么能下这毒手呢？再说然烧的"然"虽是古文，在白话文里还是用"燃"的好。

"妒"是一种原始的感情，在近代文明世界中有渐渐没落的倾向。它是存在于天性中的，但修养、人生经验、内省与丰富的幽默感可以逐渐把它根除。吃醋的人大多是最不幽默，不懂幽默的人，包括男子与女子。自来所谓女子较男子善妒是因为历史和社会背景所造成，因为所接触的世界较狭小，心理也自然会变得较狭小。因此这完全不是男的或女的的问题。值得称为"摩登"的姑娘们，当然要比前一世纪的闺阁小姐们懂事得多，但真懂事的人，无论男女至今都还是绝对的少数，因而吃醋的现象仍然是多的。至于诗人大抵是一种野蛮人，因此妒心也格外强烈一些，如果徐志摩是女子，他也会说nothing or all（要么没有，要么全部），你把他这句话当作男子方面的例证，是不十分可使人心服的，根本在徐志摩以前就有好多女子说过这句话了。我希望你论事不要把男女的壁垒立得太森严，因为人类用男女方法分类根本不是很妥当的。

关于"爱和妒是分不开的"一句话，我的意见是——所谓爱就程度上可以归为三种：

1.Primeval love，or animal love，or love of passion，or poetic love；

2.Sophisticated love，or "modern" love；

3.Intellectual love，or philosophical love。

（此三句的大意：原始的爱，或者动物的爱，或者激情的爱，或者诗意的爱；深于世故的爱，或者"现代的"爱；理智的爱，或者哲理性的爱。）

此外还有一种并不存在的爱，即 Spiritual love，or "Platonic" love，or love of the religious kind（大意为：精神之爱），那实在是第一种爱的假面具，可以用心理分析方法攻破的。

妒和第一种爱是成正比例的，爱愈甚则妒愈深，但这种爱与妒能稍加节制，不使流病态，便成为人间正常的男与女之间的恋爱，完全无可非议。

第一种爱和第三种爱是对立的，但第二种爱则是一种矛盾的错综的现象，在基础上极不稳固，它往往非常富于矫揉造作的意味，表面上装出"懂事"的样子而内心的弱点未能克服，同时缺乏第一种爱的真诚与强烈。此类爱和妒的关系是：表面上无妒，内心则不能断定。

第三种的爱是高级的爱，它和一般所谓的"精神恋爱"不同，因为精神恋爱并不超越 sex 的限界以上，和一个人于现实生活中不能获得满足而借梦想以自慰一样，精神恋爱并不较肉体恋爱更纯洁。但这种"哲学的爱"是情绪经过理智洗练后的结果，它无宁是冷静而非热烈的，它是non-sexual（意为：非性欲的）的，妒在它里面根本不能获得地位。

胡言乱语而已。

我待你好。

也也

139
评《大雷雨》

我从来不曾看得起你过，因为要是我看得起人家，一定也希望人家看得起我，一个人被人看得起了，就不能再做叫人看不起的事，宋先生你说是不是？

对于舞台剧《大雷雨》的批评，最满意的是灯光效果，那样漂亮的舞台设计的确少见，月夜幽会一幕最受人称赏，得力于该剧电影的启示不少，使我略为失望的是盼不到一轮月亮的上升，实在是因为电影给我的印象太深了，因此觉得相形之下，不免见拙，台词不甚鲜明是大缺点，演技很稳，演员的服饰和背景很调和，有几个姿势很具画意。观众的确是在进步的，三五年之前，这种剧本一定不会有这样好的生意。

我希望天冷，天暖了蠢蠢思动，房间里坐不下去。

我不欢喜你。

冬瓜

140
今天我一定要请自己吃一顿饭

好友：

我的确不快乐，我怎么能快乐呢？你又不陪我玩。五一劳动节是星期五，很有人在做旅行的准备。我是死了心把一个春天葬送在上海，租界也不踏出一步，公园里也不去躲上半小时，让欲老的春光去向别人卖弄风情吧。昨夜做梦兄弟到上海来，我向他提议坐双层公共汽车到虹口公园去，但好像终于没有勇气实行的样子。

假如你要做国文教员的话，以后你得对于文学格外小心一些，比如"一个人顶幸福的人，一定是在忘记世界忘记自己的时候"，怎么叫做"一个人顶幸福的人"呢？桐庐的卢字是应当写作"庐"的。

方帽子照相我相信你一定会送给我，如果我一定要向你要的话。

其实有时我的确觉得自己还不全然是个死人，比如前两天就好像有满心想要淘气的样子。

近来经济是意外的宽裕，今天我一定要请自己吃一顿饭。

真的我不知道我还会不会看见你，我对于将来太少希望。

我待你好，永远。

小物件　星期日

141
让每一个梦里有一个你

宋：

风雨如晦，天地失色，我心寂寞，盖欲哭焉。今天虽然盼得你的信，可是读了等于不读，反而更觉肚子饿，连信封才七十字耳，吝啬哉！

不知你玩得算不算畅快？鲰生无福，未能追随芳躅，惟有望墨水壶而长叹而已。

本来我也可以今天乘天凉回家去一次，但一则因为提不起兴致，二则因为钱已差不多用完，薪水要下星期一才有，因此不去，下星期已说定要去，大概不得不去，并非真想去。狗窝一样的亭子间，虽然我对它毫无爱情，只有憎恶，但在这世上似乎是我唯一不感到陌生的地方。

如果你要为我祝福，祝我每夜做一个好梦吧，让每一个梦里有一个你。如果现实的缺憾可以藉做梦来弥补一下，也许我可以不致厌世。

愿你好。

X　四日

142
每两分钟你在我的心里一次

姊姊：

今天早上弄堂里叫卖青梅，喊着："妹子要哦妹子？亲妹子，好妹子，好大格亲妹子要哦？"

真的我这么许久不见你了，不知道几时才能托上帝的福再见你一次，今天是风雨凄凄，思想起来好不伤心人也。

舍弟很客气地来信请我端午节到家里去做客人，但要我衣裳穿得楚楚一点，因为他的太太不大看得惯寒酸（或者好听一点说落拓不拘细节）的样子。实在，我对于故乡的姑娘儿们是只有叹气的，尤其是爆发户气息的小商人阶级的女儿。嘉兴是太充满商人味儿的城市，你走遍四城门也找不到一个高贵清华的少女，当然更绝对产生不出宋清如那样隽秀的才人。

我要多么待你好，每两分钟你在我心里一次，祝福你。

弟弟　星期日

143
让我今夜梦里见你吧

阿姊：

你走了，我很寂寞，今夜不知你在什么地方，梦魂不识路，何以慰相思？

人静之后，夜的空气甜柔得有些可爱，无奈知心人远，徒增惆怅耳。旅途倦乏，此刻你一定已睡得好好儿的了。如果天可怜见，让我今夜梦里见你吧。

愿煦风和日永远卫护着可爱的你，愿你带着满心的春笑回来。

爱丽儿　廿八

昨天看了本影戏（有什么办法呢！）打倒了胃口，今天不想出去了。你玩得高兴不高兴？

卅

144
那些教训决不会是由衷的

宝贝：

"虐待"的虐字不应写作"虐"。

似乎我唯一的本领便是冷眼看人，不过并没有自视甚高的意思，因为被我笑骂得最厉害的，便是我自己。如果你要我教训你指示你向上，我想我也许也会的，但那些教训决不会是由衷的，因为当我说着时自己心里已经在讥笑它们了。

我希望说你是"迷羊"的人并不是我，因为我一点不喜欢这两个字。

生活永远是无聊，像爸爸一样无聊，你叹气我闷得气都叹不出来。

有时我骗我自己说我不爱你，但我知道这不是真的。

再说。

名字写在水上的人　三日

第七辑
翻译莎剧：
我将成为一个民族英雄

Letter

1935 年春，
开始莎士比亚戏剧翻译准备工作。
在战乱年代，做着如此艰涩的工作，
而崇尚自由、满怀浪漫情怀的朱生豪，
凭着两本字典，在妻子支持下，
他翻译了 31 部莎士比亚戏剧。

145
讨价还价

女皇陛下：

我希望你快些写信给我，好让我放心你已不恼我了。至少也得告诉我一声十个月不写信是从哪一天算起，好让我自即日起伫颈期待它的满期。我很欣幸你恼我得并不彻底，否则你会说永远不再写信给我的。既然不是彻底的恼，那么最好还是索性不恼，因为恕人者最快乐，而我也将感恩不尽，永远纪念你的好处。我不愿说保证以后不再有这种事发生，因为也许为了空间的时间的、心理的生理的、物理的化学的、形而上的形而下的、物质的精神的、个人的社会的种种关系，仍旧会身难自主。

叔本华说得好，"人类是环境之奴"（叔本华并没有说过这句肤浅的话，至少我不曾读过叔本华，不知道他曾说过这句话）也。但为了对你表示最大的忠诚与感激起见，总将竭力避免此等事件之再发生，倘不幸而力有未逮，则惟有等待挨骂一顿，之后复为君臣如初，此则私心之所企祷而无任拜悚者也。否则的话，我虽不至于幼稚过火得向你说"人生无趣，四大皆空，一切有为法，如梦幻泡影，Vanity，vanity，all is vanity（空虚，空虚，一切都是空虚），行将自杀以谢君。"当然也不至于sophisticated（老于世故的）得喝香槟酒，搂舞女以消忧。

但我这奇怪的我会无聊得狂吃东西，以至于生了胃病，是或有可能的。虽然也许现在你要咒我呕血，但真呕血之后，你一定要悔恨；同样你也决不真的希望我生胃病的是不是？太阳、月亮、火炉、钢笔、牛津简明字典，一起为我证明我对于你的忠心永无变更，不胜诚惶诚恐之至，臣稽首。

146
如果你不好，我一定比不好更不好

好友：

心里很空虚，没处走走，毫无办法，只好写信。我知道要是我少写些信，少说些我爱你，你一定会比较欢喜我些。如今我是抵庄着不被你欢喜的了。

你的确是一个谦谦君子。如果你不好，我一定比不好更不好，一定是废货、贱料、下作坯、垃圾堆里的东西，无怪你不愿爱我。

你论文做好了我给你誊清好不好？

想不出话说，我希望立刻就死，免得你说我将来会不欢喜你。

顶蠢顶丑顶无聊顶不好的家伙

一块钱是陆家叫我还给你的，我想还是寄还给你了吧。

147
打油诗三首

我爱宋清如，风流天下闻；红颜不爱酒，秀颊易生氛。
冷雨孤山路，凄风苏小坟；香车安可即，徒此挹清芬。

我爱宋清如，诗名天下闻；无心谈恋爱，埋首写论文。
夜怕贼来又，晓嫌信到频；怜余魂梦阻，旦暮仰孤芬。

我爱宋清如，温柔我独云；三生应存约，一笑忆前盟。
莫道缘逢偶，信知梦有痕；寸心怀凤好，常艺瓣香芬。

148
明天过去，又是星期

澄子：

昨夜想写信写不成功，其实总写不出什么道理来。今晚又很懒，但不写信又似心事不了，仔细一想，我昨天还寄给你过一封信，却似乎已有两三天不写了的样子。

第二次世界大战业已开始，你高不高兴？中国又要有问题了。全国运动会太无聊。明天过去，又是星期。

还是讲梦吧：某晚我到你家里，你似乎有些神智失常，我们同出去散步ミマス（这是日文中几个动词的词干，没有具体意义），到一只破庙里，你看见庙里的柱对，便要把头撞上去，我说这庙里一定有邪鬼，连忙把你抱了出来。回来的时候，经过一条河，河里放下几块三角板来，以备乘坐；尖头向前，后部分为两个窄窄的座位，隔在两座位中间的是舵轮滑车等物，可以开驶。我们坐了上去，我一点不懂得怎样开驶，几回险乎两人都翻下水去，你把我大骂。

陆先生说邵先生和钟先生都名士气，我觉得邵先生即使算得是名士也是臭名士，其行径纯乎"海派"，要从他身上找到一点情操是不可能的。钟先生太是个迂儒，但不失为真道学，不过有点学者的狷傲气，人是很真诚不虚伪，二人不可同日语。至如夏先生则比我们天真得多，这种人一辈子不会懂世故。

寂寞得很，看不见你，我想哭。不写了，祝福你。

爱丽儿　四日夜

149
理想的世界是一切人都没有灵魂

好友：

我心里非常之肉麻（我的意思是说悲哀），为什么永远不能产生出一种安定感，可以死心塌地地承受生活所给予的一切。我不是不满足，我也不想享受什么，我只想逃避，可是一切门都对我禁闭着。向上进不可能，向下堕落也不可能，有时我真渴想堕落。

要是明天你仍没有信来，我一定不吃饭。有的人三两个月给一封信我，我觉得他们怪亲切，待我这样好，这么不怕麻烦，可是等起你的信来老像要等脱半条命似的。

一个人要是做了基督徒，大概百分之九十五将来要落地狱，这地狱便是他们自以为是天堂的地方。

理想的世界是一切人都没有灵魂。

你真不替我挣气，毕业成绩还比不上丁幼贞（之江大学同学），绩然连2都拿不到。

我要待你好——别肉麻！

野狼 十八

150
你原来就是笨的，可是笨得可爱

宋：

昨夜我写了一封痴痴颠颠的信，幸亏不寄出，否则你又要骂我。

我知道你很爱我，如果你骗你自己说不爱我，我也无法禁止你。

照相即使你硬要送给我，我也不要了，因为你已送过了别人。你瞧我好像也会喝醋的样子。

关于朋友我向来主张"不交主义"，除非人家要来交我，我决不去交人家。男朋友我也不要，何况女朋友，何况是含有特殊意义的女朋友。除非你忍心要我在不识相的姑娘们前出乖露丑，像一个呆大女婿那样地，你总不好意思劝我交女朋友吧？

　　你说的光明坦白四个字我也不很懂，心中存着光明坦白四个字，已经有些不十分光明坦白，时时刻刻记得这四个字而去交起朋友来，往往会变得充满了做作。友情不是可以用人工方法培植起来的，毫无理由地和一个不相识者交起朋友来，随便你怎样光明坦白也是awkward（笨拙的、拙劣的）的。你老是说些不通的话，真是可爱得很。

　　你因为客气而不骂我，不知这算不算得光明坦白？如果朋友有失而不骂，也未免不够交情。只有好朋友的骂才能使人心悦诚服，即使被骂者脸红耳赤，也不致怀恨在心，你为什么不骂我呢？还是我没有被你骂的资格？——我简直要声势汹汹地质问你。

　　你原来就是笨的，现在并不比从前更笨，可是笨得可爱。

　　这次你写了一段很好的文字："日日在怅惘中看着天明，再由白天捱到夜晚。这种不快意的心情，说悲哀似乎太重，说惆怅又嫌太轻，要说这是愁，那我更不知是愁些什么来。"令人咏叹不尽。

　　不要不待我好，在这世上我最欢喜你。

朱　十九

151
我喜欢你给我取一个名字

清如：

从前我觉得我比你寂寞，现在我觉得你比我更寂寞得多。我很为我们自己忧虑。

今天下午我试译了两页莎士比亚，还算顺利，不过恐怕终于不过是poor stuff（劣质品）而已。当然预备全部用散文译出，否则将要了我的命。

你天津的事情有没有成功？我觉得教书不甚合你的个性。但也许世上还没有发明出一种为我们所乐的职业。

不知道我有没有告诉过你？我的大表姐有四个儿子，二个女儿，第四个的男孩子是个心地忠厚，但在兄弟行中是最不聪明的一个，今年也怕有十三四岁了。一次被他的最小的妹妹欺负到哭起来，也没有人帮他。我因为是他的"老朋友"，便挈着他到近郊走走安慰安慰他。他一路拭眼泪，一路向我说做人的无趣，谁都不待他好，他说他不高兴读书（因为总是留级），学商也没有趣味，顶好是穿了短衣，赤了脚，做个看牛孩子，整天在田野里游荡，"多么写意！"这些话要是给他母亲听见了，准要说他没出息，一顿骂，但我觉得一点都不错。

我想不出再要向你说些什么话，我也想不出你有些什么话好对我说，但你无论向我说什么无聊的话，我都一样乐意听的，而且你也不要以为我不肯听你话，因为在世上你是我唯一肯听话的人，不是我现在不再每天给你写信了？因为你不喜欢太多的信。虽然我巴不得一天到晚写信给你，即使单是握着笔，望着白纸，一个字写不出，这么从天亮呆坐到天黑也好，因为这样我可以不想到别的一切，只想着你，只有在想着你的时候我才会感到幸福不曾离弃我。我希望有一天我们将永远在一起，不再分离，即使是在很老很老的时候也好，甚或在死后也好，如果人死后灵魂尚存在的话，不知道这是不是奢望。

一切的祝福！

我欢喜你给我取一个名字，你曾许过我。

你的兄弟　廿一

152
我将成为一个民族英雄

好好：

你有一点不好的地方，那就是爱用那种不好看的女人信笺。

你不大孝顺你的母亲，我说你应当待她好些，如果怕唠叨，那么我教你一个法子，逢到你不要她开口而她要开口的时候，只要跑上去 kiss 她，这样便可以封闭住她的嘴。

你崇拜不崇拜民族英雄？舍弟说我将成为一个民族英雄，如果把 Shakespeare（莎士比亚）译成功以后。因为某国人曾经说中国是无文化的国家，连老莎的译本都没有。我这两天大起劲，*Tempest*（《暴风雨》）的第一幕已经译好，虽然尚有应待斟酌的地方。做这项工作，译出来还是次要的工作，主要的工作便是把僻奥的糊涂的弄不清楚的地方查考出来。因为进行得还算顺利，很抱乐观的样子。如果中途无挫折，也许两年之内可以告一段落。虽然不怎样正确精美，总也可以像个样子。你如没事做，替我把每本戏译毕了之后抄一份副本好不好？那是我预备给自己保存的，因此写得越难看越好。

你如不就要回乡下去，我很想再来看你一次，不过最好什么日子由你吩咐。

我告诉你，太阳底下没有旧的事物，凡物越旧则越新，何以故？所谓新者，含有不同、特异的意味，越旧的事物，所经过的变化越多，它和原来的形式之间的差异也越大，一件昨天刚做好的新的白长衫，在今天仍和昨天那样子差不多，但去年做的那件，到现在已发黄了，因此它已完全变成另外的一件，因此它比昨天做的那件新得多。你在一九三六年穿着一九三五年式的服装，没有人会注意你，但如穿上了十七世纪的衣裳，便大家都要以为新奇了。

我非常爱你。

淡如 廿五

153
要努力就决定个努力的方向

宋宋：

今夜的成绩比较满意，抄写了三四千字。起了风，砰砰蹦蹦地听见玻璃窗碎了好几扇。

要努力就决定个努力的方向，如果一无可努力之事，那么拼着懒过去，也用不着寒心，归里包推总是一样。

据说中国已经复兴了，我总觉得很疑惑，而且好像就是这几个月里头复兴起来的，不知道是人家骗我们呢，我们自己骗自己呢，还是真的已经复兴了？

我待你好，我嗅嗅你的鼻头（爱司基摩人的礼节）。

牛魔王　廿六

154
用一个肉天下之大麻的称呼称呼你

宋：

我想用一个肉天下之大麻的称呼称呼你，让你腻到呕出来，怎样？

你老是说不通的话，我不知道你把我的思想和精神怎样抱法？其实我是根本没有思想也没有精神的。

你的诗写得一天比一天没希望，如果真要做诗人，非得多发发呆，弄到身体只重五十磅为止不可。我承认你现在还是相当呆的，因此还能哼几句，像我因为很聪明，所以就写不起来了。

我很满足人生，你说你怕看见我也不能使我伤心。

昨天吃了很多冰淇淋。

此间需要小编辑一位，须中英文皆能过得去而相当聪明者，月薪至多五十，至少五十，你们班里如有走投无路的此项人才，可来一试。

不要哭，我仍旧欢喜你的，心肝！

廿七

155
我告诉你我爱宋清如

好友：

今天宋清如仍旧不给信我，我很怨，但是不想骂她，因为没有骂她的理由，而且我也不是女人。宋清如好像是女人，你是不是女人我有些莫名其妙。

今天中饭气得吃了三碗，肚子胀得很，放了工还要去狠狠吃东西，谁教宋清如不给信我？

我告诉你我爱宋清如，随你说我肉麻，说我无聊，说我臭，说我是猪猡驴子猢狲夜叉小鬼都不相干。

这两天有一张非看不可的电影，因此虽然有种种不方便，昨天终于偷偷地去看了，LONDON FILMS（伦敦影片公司）出品，RENE CLAIRE，法国的宗匠，导演，剧旨是"没落的旧浪漫主义对于新兴的俗恶的现实主义的嘲笑"，这句话抽象不抽象？片名是《鬼往西方》。故事是一个美国商人买了一座鬼祟的苏格兰古堡，整个儿拆卸下来载回美国重新盖造，把那古堡里的鬼也带了去了。纽约的好奇群众热烈地欢迎这个鬼，新闻记者争着摄影，而商人因此得到publicity（名声、知名度）。搬来的古堡落成以后，里面装置着摩登的设备，一切的不三不四使这鬼头痛……我没有讲完这故事，后半部鬼出现的最精彩的部分也是嘲笑最犀利的部分完全给检查会剪去了，以至看下去很有支离之感。可笑的是片中的鬼本来是真的鬼，说明书中说那是剧中主人公的假扮，原是避免不通的检查诸公的注意，因为要是说那是真的鬼，就变做"宣传迷信"，不能开映了，于是大家都上了当，以为那个鬼是假扮的。报上的影评也是这样说，这种人真没有资格上电影院。

高尔基死，鄙人大有独霸世界文坛的希望。

这封信不要给宋清如看。

十九

156
世上比你再可爱的人是没有了

清如：

你知不知道你是个了不得的人？今天我精神疲乏得很，想不要工作了，不工作又无法度日，影戏又没有什么好看，想去重看《野性的呼声》，因为对它我有非常好的印象（不管它把原著改窜到若何程度，单就影片本身说，清新、乐观、没有其他一切文艺电影的堆砌的伟大，又没有一点恶俗的气味，旷野中的生活是描写得够优美的，对白也非常之好，况且还有Loretta Young（演员名）的津津欲滴的美貌），可是抬不起脚来。

睡又不肯睡，因为一睡下去，再起来人便真要像生病的样子，夜里一定得失眠，而且莫想再做什么事。于是发了个狠，铺开纸头，揭开墨水瓶的盖，翻开书，工作；可是自己的心又在反叛自己的意志，想出种种的理由来躲避，诸如头痛啦，眼皮重啦，腰酸啦，没有东西吃啦；幸亏我的意志还算聪明，想出一个法子来哄慰我的心，于是开开抽屉，取出你的尊容来，供在桌子上我的面前，果然精神大振，头也不痛啦，眼皮也不重啦，腰也不酸啦，至于没有东西吃也没有什么关系。现在已把Tempest第三幕翻好，还剩三分之一的样子，希望在四五天内完全弄好。

总之世上比你再可爱的人是没有了，我永远感激不尽你待我的种种好处。我希望有一天……不说了。

无数的爱。

朱　二日晚间

不知你有没有回乡下去。

157
愿你秋风得意

好人：

今晚我把《仲夏夜之梦》的第一幕译好，明天可以先寄给你。我所定的计划是分四部分动手：第一，喜剧杰作；第二，悲剧杰作；第三，英国史剧全部；第四，次要作品。《仲夏夜之梦》是初期喜剧的代表作，故列为开首第一篇。

今天已把所抄的你的二本诗寄出，希望你见了不要生气。

今天下雨，很有了秋意。湖州有没有什么可以玩玩的地方，人家陪不陪你出去走走？除国文外，你还教些什么功课？

《仲夏夜之梦》比《暴风雨》容易译，我不曾打草稿，"葛搭"（这两个字我记不起怎么写）的地方也比较少，但不知你会不会骂我译得太不像样。

虽则你还没开学，我却在盼望快些放寒假（或者新年），好等你回家的时候来看你。民德是不是教会学校？大概是的，我想。我顶不欢喜教会里的女人。

我记住你的阴历生日是六月十八，阳历生日是七月三十一，错不错？

你肯不肯给我一个吻？

愿你秋风得意，多收几个得意的好门生，可别教她们做诗，免得把她们弄成了傻子。

魔鬼保佑我们！

一个臭男人　十七夜

158
非得请教你的意见不可

妞妞：

你如不待我好的时候，我会耍许多花样，比如说拿红墨水写血书，滴几点水在纸上当眼泪，以及拿着救命圈跳黄浦，或宣传要自杀之类，你看好不好？

凡是我问你的问题，在我未问之前我早知道你怎样回答了。为什么你不说"你来也不好，不来也不好"呢？我以为这问题的起点在我而终点在你，所以非得请教你的意见不可。

拿到了五块钱，就上街去，买了一本《死魂灵》、一本《狱中记》、一本《田园交响乐》，都是新近出的好书，看过后就寄给你，目下还余两块多三块不到，大约到这星期日完结。不过我已写信问家里要钱去了，前两个月曾寄过一百数十块钱回去，因此他们不会骂我的。下个月的薪水大概只有拿一半的希望，听着似乎有点惨，其实对我并无影响，因为第一可以不必寄钱回家去，第二可以名正言顺地暂欠几块钱房租，这样一来，看影戏仍不生问题，因此人生是可乐观的，而中国也不会没有希望。

想到爱国这个问题，我说爱国是一个情感的问题。国民对于国爱不爱全可以随便，不能勉强的，但因为个人是整个国家的一分子，因此必然地他对于他的国家有一种义务，一个好国民即是能尽这种义务的人，而不一定要爱国。因为情感会驱使人们盲目，如果他的国家是一个强国，那么他会变成一个自私的帝国主义者，以征服者自命；假如他的国家是一个落后的国家，那么他会妄自尊大，抬出不值一文钱的"国粹"来自吹自捧，而压抑了进步势力的抬头。如果人人知道他的国家的不可爱，而努力使它变得可爱起来，那么这国家才有希望。中国并不缺少爱国的人，一听到闸北要有战争了，人人变成了"民族主义者"，然而他们的民族主义只能把他们赶到法租界去而已。

我待你好。

你的靠不住的

159
我害怕你会一声不响地撇下我

宝贝：

我知道你一定生了病了，谢天谢地，现在好了吧？以后不许再生病了，否则我就要骂你。

这两天我整天整夜都在惊惧忧疑的噩梦中，真的，我在害怕也许你会一声不响地撇下我死了，连通知也不通知我一声，这当然是万万不可以的。

下星期我来望望你好不好？到湖州还是打苏州转便当还是打嘉兴转便当？

今天据说是中秋，你不要躺在床上又兴起感慨来，静静地养养神吧。对于我，除了多破费几块钱外，中秋是毫无意义的。

停会再写。祈福你，可怜的图图！

伊凡·伊凡诺微支·伊凡诺夫　卅

160
我们的灵魂都想飞

青女：

从前以为年青人谈精神恋爱是世上最肉麻的一回事，后来才知道人世间肉麻事，大有过于此者。放眼观之，几无一事不肉麻，所谓生命也者，便是上帝在不胜肉麻的一瞬间中创造出来的。人要不怕使人肉麻，才能成为大人物；至少也要耐得住肉麻，才能安然活在世上。否则你从早上起身到晚间睡觉之间的几多小时内，一定会肉麻而死的。展开报纸来，自从国际要闻起直至社会新闻报屁股，无论那一条都是肉麻的文字。除非你一个人关了房门闭起眼睛天不管，否则便不免要看到一切肉麻的事；然而即使一个人关了房门闭起眼睛天不管了，你也会发觉在你的脑中有许多肉麻的思想。

战争在三四月间发动，我私人方面所得的可靠消息也是这样说。我们即使不就此做亡国之遗民，至少总也有希望受到一些在敌人势力下的滋味。

说你是全然的温柔婉约当然有些过分，不过人家所说的浪漫当然也和我所认为的那种浪漫不同。也许别人所斥责的过于浪漫，我仍然会嫌太温柔也说不定。我们的灵魂都是想飞，想浪漫的，但我们仍然局促在地上，像绵羊一样驯服地听从着命运，你说这不算温柔吗？太浪漫的人是无法在这世上立足的，我们尚能不为举世所共弃，即是因为我们是太温柔了的缘故。

有许多话，但是现在一时说不起来。等想想再说吧。

我欢喜你，我欢喜你，我欢喜你，而且我欢喜你。

朱儿　十二

161
翻译莎士比亚戏剧

好人：

今夜我的成绩很满意，一共译了五千字，最吃力的第三幕已经完成（单是注也已有三张纸头），第四幕译了一点点儿，也许明天可以译完，因为一共也不过五千字样子。如果第五幕能用两天工夫译完，那么仍旧可以在五号的限期完成。第四幕梦境消失，以下只是些平铺直叙的文章，比较当容易一些，虽然也少了兴味。

一译完《仲夏夜之梦》，赶着便接译《威尼斯商人》，同时预备双管齐下，把《温德塞尔的风流娘儿们》预备起来。这一本自来不列入"杰作"之内，*Tales from Shakespeare*（《莎士比亚故事集》，即《莎氏乐府本事》）里也没有它的故事，但实际上是一本最纯粹的笑剧，其中全是些市井小人和莎士比亚戏曲中最出名的无赖骑士 Sir John Falstaff（莎士比亚剧中的人物），写实的意味非常浓厚，可说是别创一格的作品。苏联某批评家曾说其中的笑料足以抵过所有的德国喜剧的总和。不过这本剧本买不到注释的本子，有许多地方译时要发生问题，因此不得不早些预备起来。以下接着的三种《无事烦恼》、《如君所欲》和《第十二夜》，也可说是一种"三部曲"，因为情调的类似，常常相提并论。这三本都是最轻快优美，艺术上非常完整的喜剧，实在是"喜剧杰作"中的"代表作"。因为注释本易得，译时可不生问题，但担心没法子保持原来对白的机警漂亮。再以后便是三种晚期作品，《辛俾林》和《冬天的故事》是"悲喜剧"的性质。末后一种《暴风雨》已经译好了，这样便完成了全集的第一分册。我想明年二月一定可以弄好。

然后你将读到《罗密欧与朱丽叶》，这一本恋爱的宝典，在莎氏初期作品中，它和《仲夏夜之梦》是两本仅有的一喜一悲的杰作，每个莎士比亚的年轻的读者，都得先从这两本开始读起。以后便将风云变色了，震撼心灵的四大悲剧之后，是《该撒》、《安东尼与克里奥佩特拉》、《考列奥莱纳斯》三本罗马史剧。这八本悲剧合成全集的第二分册，明年下半年完成。

但是我所最看重，最愿意以全力赴之的，却是篇幅比较最多的第三分册，英国史剧的全部。不是因为它比喜剧悲剧的各种杰作更有价值，而是因为它从未被介绍到中国来过。这一部酣畅淋漓一气呵成的巨制（虽然一部分是出于他人之手），不但把历史写得那么生龙活虎似的，而且有着各种各样精细的性格描写，尤其是他用最大的本领创造出 Falstaff（你可以先在《温德塞尔的风流娘儿们》中间认识到他）这一个伟大的泼皮的喜剧角色的典型，横亘在《亨利第四》《亨利第五》《亨利第六》各剧之中，从他的黄金时代一直描写到他的没落。然而中国人尽管谈莎士比亚，谈哈姆莱德，但简直没有几个人知道这个同样伟大的名字。

第三分册一共十种，此外尚有次要的作品十种，便归为第四分册。后年大概可以全部告成。告成之后，一定要走开上海透一口气，来一些闲情逸致的顽意儿。当然三四千块钱不算是怎么了不得，但至少可以优游一下，不过说不定那笔钱正好拿来养病也未可知。我很想再做一个诗人，因为做诗人最不费力了。实在要是我生下来的时候上帝就对我说："你是只好把别人现在的东西拿来翻译翻译的"，那么我一定要请求他把我的生命收回去。其实直到我大学二年级为止，我根本不曾想到我会干（或者屑于）翻译。可是自到此来，每逢碰见熟人，他们总是问，你在做些什么事？是不是翻译？好像我唯一的本领就只是翻译。对于他们，我的回答是"不，做字典"。当然做字典比起翻译来更是无聊得多了，不过至少这可以让他们知道我不止会翻译而已。

你的诗集等我将来给你印好不好？你说如果我提议把我们两人的诗选剔一下合印在一起，把它们混合着不要分别那一首是谁作的，这么印着玩玩，你能不能同意？这种办法有一个好处，就是挨起骂来大家有份，不至于寂寞。

快两点钟了，不再写，我爱你。

你一定得给我取个名字，因为我不知道要在信尾写个什么好。

十月二日夜

162
魔鬼保佑你

宋：

信老是写不成功，信纸倒已经写完了。

我不反对贤妻良母教育，但只以施教于低才的女人为限，因为天才者当然不甘心俯首就家庭的羁束，中材之资，对于这种事是天生的在行，不必教她，只有愚顽的人，才应该好好教一下，免得贻误民族的前途。

《仲夏夜之梦》第一幕的更正：注中关于Ercles的第一条，原文划去，改作"赫邱里斯（Hercules）之讹，古希腊著名英雄。"Ercles的译名改厄克里斯，Pyramus的译名改匹拉麦斯。

抄写的格式，照你所以为最好的方法。

《暴风雨》已和这信同时寄出。

环境不如意，只算暂时上半年教育实习的课，获得些经验与方法。可是写公文倒得把字好好练一练呢。二十小时还要改卷子带做秘书，未免太忙一些。

待你好，不写了。魔鬼保佑你。

朱 廿二

163
说电影

今天还有九块钱，可是就要付房租了！初二薪水要是不能如期发，又该倒霉。

昨天看影戏，为着表示与众不同，又特去拣选了一张生僻的片子，得到一个很大的满足。可知看戏虽小事，也不可人云亦云，总要拿出眼光来才好。影片是Sinclair Lewis（辛克莱·刘易斯，英国小说家）原著的 *Dodsworth*（《孔雀夫人》），对于女性有很恶辣的讽刺。一个经营汽车事业的美国富翁，有一个比较年轻的风骚的太太，他们的女儿刚出嫁了。那位富商动了倦勤之意，放弃了事业，带了爱妻到欧洲旅行去；那位太太是爱寻刺激的，老住在一个地方，看见的总是这几个人，本来十分厌气，再加之女儿出嫁，动了青春消逝的悲哀，因此说起了游历，正中下怀。在轮船上第一天他俩是高兴得什么似的，可是不久她便勾搭上一个英国少年，把老头子寂寂寞寞地丢在甲板上，一个人看Bishop light（海上的一种闪光）了。那少年被她煽上了火，她却申斥他不该无礼吻她，于是两人吵了一场分手了。

受了这次"侮辱"，她一定要她丈夫一同到巴黎去，她男人是要到英国去的，拗不过她于是到了法国。在巴黎她又交了新朋友，老头子只好一个人拿了游览指南玩拿坡仑坟去。起初倒也各乐其乐，其后一个乐不思蜀，一个却逛博物馆逛厌了，要回家去，女人不肯回去，叫他一人先回去，她随后来。男人回去之后，寂寞得要命，本来是个好好先生的他，脾气变得坏极了，这也不称心，那也不称心，专门和人闹别扭。妻子来信，又老是Arnold长，Arnold短（Arnold是她新交的男朋友），去电报叫她来她又不来，终于吃起醋来赶到巴黎，在旅馆里把那个男人也叫了来三个人对面，问她愿不愿意别嫁，她当然不愿，因为原来不过是玩玩而已，斗不过他这阵火劲，只好抽抽咽咽地哭起来，屈服了。

过去的事情不算，重新来过，他仍然是爱她的，只要今后安守本分，因为，他说，他们的女儿已经有了孩子，她已经做了Grandma了。听见这句话，她真是伤心得了不得，做了Grandma的人，怎么还能充年轻呢？因此是再也不愿回家去了，于是两人到了维也纳。到了维也纳，老毛病又发作了，这回是一个腼腆的奥国少年贵族。当他向她表示如果不是因为她是个有夫之妇，他一定会向她求婚的时候，她敌不过做一个贵族的诱惑，便和男人大吵一场要离婚，男人没法只好听从他，临别的时候她还拼命向他献媚。于是男人便失神地向各地作无目的的漫游，而女人则受了一次大大的教训。那贵族的母亲亲来她的住所，说她不能容许她的儿子和一个弃妇结婚，而且"年大的妻子是不能使年轻的丈夫幸福的"，她又不能再生育了，这种话真说得令人难堪，遭了这次见摈，她只好又回到她故夫的怀里去。

可是她的故夫已在意大利和另外一个离婚了的妇人同居，两人曾经沧海，情投意合，生活十分美满，他精神也奋发起来，预备再作一番事业了。突然接到她的长途电话，恳求他回去，说"她需要他"，于是他只好不顾那个妇人的哀求劝告，去收他的覆水了。见了面，两人同上了船预备回乡，那女人若无其事，在吸烟室中亲热地和他唠叨个不住，这样那样，巴黎的女人穿什么衣服，那位爵夫人（曾经使她吃瘪的）全然是个无礼的乡下人，等等，最后说本来也许我该向你道歉，但你一直是主张让过去的事过去的，而且这回我果然不好，你也有一半错……那男人本来不乐意，听得火冒极了，于是出去提了行李，立刻离船，她才发了急，狂叫起来，可是已经来不及了。

外国报上有一个存疑的消息说冯玉祥是匈牙利人，他父亲是一个天主教神甫，他在本国读过法律，十九岁单身出亡到美国，在捕鲸船上当水手，后来在格林兰发了财，民国初年他却在内蒙古做土匪头子。这种谣言很有趣，事实上造谣言者也不会是出于恶意的，因为否则不会荒唐伪谬到如此，多分是神经病者的牵强附会。

你在干么？

164
欢迎来找我出气

宝贝：

以后你如不耐烦不痛快的时候，我欢迎你到上海来找我出气，我简直不大能相信你会发脾气，因为你一向对我都太"温柔"了。如果再那么"凶"一点，我相信我将会爱你得更凶一点。

如果我命令你爱我，你一定不会服从的；因此如果你不允许我爱你，我也不见得就会乖乖地听话，总之这事已经解决于三年之前，现在更无犹疑之余地。

关于你的那篇大作，我不知道你说"你也一定不许看"这句话有甚么意思？你瞧你并不曾把它寄给我，即使你许我看我也看不到。譬如说，我从来不曾看见过你，一天你的母亲对我说，"我有一个女儿，你一定不许爱她"，这话有不有些奇怪？最好你还是把它寄给我看一下，否则何必对我说是不是？

路透社电：徐金珠（大学同学）婚牛天文。

BIG BAD WOLF（大坏狼）

P.S.我爱你。

165
请给我更正

你这个人：

我劝你以后莫要读中国书了，是一个老学究才会给我取"元龙"那样的名字，为什么不叫我"毛头和尚"、"赤老阿二"、"大官"、"赛时迁"、"混江龙"、"叮叮当当"、"阿土哥"、"小狗子"呢？

请给我更正：《暴风雨》第二幕第二场卡列班称斯蒂芬诺为"月亮里的人"；又《仲夏夜之梦》最后一幕插戏中一人扮"月亮里的人"。那个月亮里的人在一般传说中是因为在安息日捡了柴，犯了上帝的律法，所以罚到月亮里去，永远负着一捆荆棘。原译文中的"树枝"请改为"柴枝"或"荆棘"。后面要是再加一条注也好。

你要是忙，就不用抄那牢什子，只给我留心校看一遍就是。你要不要向我算工钱？

你不怎样忧伤，因此有点儿忧伤。上次信你说很快乐，这次并不快乐，希望下次不要更坏。你知道我总是疼你的。

卡列班　十四

166
世界会变得很好很好

宋千金：

心里乱烘烘，写了三四次信，总写不成功，怨得想自杀。

天又热起来，我希望它再下雨，老下雨，下个不停。

我待你好，我待你好。

你瞧，昨晚密昔斯陆问起你，我告诉她你姆妈预备逃难，她吓得连忙说，"那么我们也赶快去找房子"，女人乎！

上个星期日逛城隍庙，逛罢城隍庙接连看了三本苏联影片，偶然走过 ISIS 的门口而被吸进去的。一本《雷雨》是第四遍重看了，一本纪录电影《北极英雄》太单调沉闷，一本《齐天乐》，美国式的歌舞喜剧，可看得我从座位上沉了下去，窝心极了，想不到他们也会如此聪明，简直是可爱的胡闹，使人家老是张开了口笑。

工作，工作，老是工作，夜里简直白相不成。

不写了，祝你前程万里！为什么不想办法捞个官儿做做？

我相信 everything will turn all right（一切都会好起来的），我们将

来都会很得法，中国也不会亡，我也不希望日本亡，世界会变得很好很好，即使人人都不相信上帝佛菩萨。

万万福！

阿二

你们早点躲到上海来也好，免得将来找不到房子。

第八辑

战乱年代：
你已成为我唯一的亲人

Letter ♡

结婚后，有一年宋清如回家过年。
在分开的短暂的时日里，
他们也是彼此牵挂，彼此想念，
即使不吃饭，也要写信。

167
当今之时，最好谈谈恋爱

宋儿：

谢天谢地我没有老婆，要是在这种风声鹤唳的时节，小鸡胆子吓得浑天糊涂，忙着要搬家逃难，岂不把我活活麻烦死？这两天风声十分恶劣，谣言更是多得了不得。我是听都不要听这些，顶多也不过是那么一回事。只要局中一天不停工，我便自得其乐一天，如果工厂关门，卷起铺盖回家乡，仍旧可以自得其乐，逃难我决不。其实苟全性命于这种无聊的年头，于这种无聊的国家里，也真是无聊，见了怯懦的人真令我伤心。我们的陆师母已吓得唉声叹气，急得不得了，什么小房子都肯住，房金不论，预备忙着搬法租界去。

我所懊恼的是据说明天薪水发不出，这个问题似乎比打仗更重要一些，因为没有钱便不能买糖吃，这是明明白白的。

当今之时，最好谈谈恋爱，因为……没有理由。

朱儿 十五

168
意外的惊喜

宝贝：

本来想再过好几天才给你写信，但不写信也很无聊。你寄到嘉兴去的信收到，很是一个意外的惊喜，可惜太短了些，而且其中一句话也没有。在家乡过了两夜，想不到这两天内有许多变化。在火车里买了两份报看，德奥意三国成立协定，陈济棠势力瓦解，又有日本人在虹口遭暗杀，简直似乎已有一个多月不曾看过报；回来之后，又听见小儿啼，原来陆夫人已产了一个小女儿。

回家去刚刚逢着天凉，因此很适意，去的那晚还很热，火车中看见了一个伟丽的日没，满天空涂着一块一块油画的彩色，又看见一个乡妇被火车撞死，一只腿已飞掉，头边一堆浓血。

曾经做过一个梦，和一位女郎发生了恋爱，她的一切都并不出色，唯一惹人注意之点是鼻角的一粒麻子，这粒麻子凹陷得特别深，有一寸半的样子，我因为这粒麻子的关系便深深地迷醉着她了，你想荒唐不荒唐？

你大概不欢迎我来看你吧？

我真爱你。

淡如　十四

169
看电影

清如：

我大概明天搬家，以后来信只寄局中好了。

昨天上午想写信写不成功，下午去看电影《苏格兰女王曼丽》，可是票子买不到，于是到大新公司游艺场去溜达一下，生平上游艺场，此为第一次，也是见识见识的意思。四点半再去买第二场的票子，又买不到，于是到北四川路去，看苏联片普式庚的原著《杜勃劳夫斯基》，这才是张真的文学电影，清丽极了，新闻片中又见到高尔基的生前和罗曼罗兰的会面，以及他的葬仪。《杜勃劳夫斯基》不像过去《静静的顿河》和《雷雨》那样雄浑有力，而代之以诗意的抒情调子，摄影真是美极了。

平凉村里已经有十室八空的样子，但时局大抵还可苟安过去。昨天报上说各地热烈庆祝国庆，我不知道是怎样热烈法。

人应该常常搬家（否则便该自己有一所很大很大的大房子，我希望我将来造一所大房子，给我一个人住，有三百间房间，每个月我搬住一间房间，住过后那间房间便锁起来），至少每年得搬一次，否则废物越积越多，尽管住下去，总会弄到无转身之余地，使你不得不丢下一切空着身子逃走，或者放把火把房子烧了。

祝好，我待你好，我不要请人向你担保。

朱朱　十一

170
我的幽魂就在离你咫尺之间

清如：

真的我忘了问你，为着多说闲话的缘故，你生的那东西完全消退了没有？

居然还有人约我游虞山去，即使有这兴致，你想我会不会去？除非去跳崖（那倒是一个理想，不让什么人知道，也不让你知道，等你回到家乡的时候，你想不到我的幽魂就在离你咫尺之间），否则倘你不在常熟，我怎么也不会到那里去的，虽然即使你在家，我还会不会再来也成为问题，即使我愿意来，你敢不敢劳驾我当然更成为问题。总之我和虞山的缘分，正像和你的一样悭，将来也只有在梦想中再作寂寞之孤游而已。

肯不肯仍旧称我为朋友？你的冷酷的语调给了我太凄惨的恶梦，我宁愿你咒我吐血。虽然蒙你说过你爱朱朱的话，我是不愿把你一时激动的话当作真实的，只要你不怕我，像怕一切人一样，我就满足了。

嫌不嫌我絮渎？

愿你无限好。

171
你已成为我唯一的亲人

天使：

又到了两点钟，真要命，近来要做夜工，把人烦死。算是校订过了两遍，校对过了三次的样子，拿到我手里仍然要改得一塌糊涂，其实偷懒些也不妨事，可是我又不肯马马虎虎。人也总是，白天尤其是上半天总是有气没力的，一过了夜里十点钟，便精神百倍，夜猫的生活虽然也颇有意味，可奈白天不得睡觉何。

每天每天看不到你，这是如何的生活。事实上你已成为我唯一的亲人了，可以寄托我心情的对象，无论是人或艺术、主义、宗教，是一个都没有，除了你。但就是你也不能给我大的启发与鼓奋，一切是虚无的可怕。

我永远爱你。

魔鬼　十二夜

.

172
希望一切快乐等在你前面

宋：

你走的这样快，没有机会再看见你一次，很是快快，不过这也没有什么。你要不要我向你说些善颂善祷的话？

今天往轮船码头候郑天然，没有碰着，因为他没有告知我确实的时间，赶去时轮船已到，人已走了。也许明天会打电话给我。

抄写的东西我想索性请你负责一些，给我把原稿上文句方面应该改削的地方改削改削，再标点可不必依照原稿，因为我是差不多完全依照原文那样子，那种标点方法和近代英文中的标点并不一样，你肯这样帮我忙，将是我以后不敢偷懒。纸张我寄给你，全文完毕后寄在城里。

希望一切快乐等在你前面。要是我做你的学生，我一定要把别的功课不问不理，专门用功在你的功课上，好让你喜欢我。

多雨而凄凉的天气，心理上感到些空虚的压迫，我真想扑在你的怀里，求你给我一些无言的安慰。

永远是你的怀慕者。

三日

173
译《威尼斯商人》相当费力

好人：

《仲夏夜之梦》已重写完毕，也费了我十余天工夫，暂时算数了。《威尼斯商人》限于二十日改抄完，昨天在俄国人那里偶然发现了一本寤寐求之的《温德塞尔的风流娘儿们》，我给他一角钱，他还了我十五个铜板，在我的Shakespeare Collection（意为：收集的有关莎士比亚的藏书）里，这本是最便宜的了，注释不多但扼要，想来可以勉强动手。

倒了我胃口的是这本《威尼斯商人》，文章是再好没有，难懂也并不，可是因为原文句子的凝练，译时相当费力，我一路译一路参看梁实秋的译文，本意是贪懒，结果反而受累，因为看了别人的译文，免不了要受他的影响，有时为要避免抄袭的嫌疑，不得不故意立异一下，总之在感觉上很受拘束，文气不能一贯顺溜，这本东西一定不能使自家满意。梁译的《如愿》，我不敢翻开来看，还是等自己译好了再参看的好。

昨天下午一点半跑出门，心想《雷梦娜》是一定看不成的了，于是到北四川路逛书摊和看日本兵。日本兵的一个特色就是样子怪可怜相的，一点没有赳赳武夫的气概，中国兵至少在神气上比较体面得多。他们不高的身材擎着枪呆若木鸡地立着，脸上没有一点表情，而对面的中国警察则颇有悠游不迫之慨。

昨天买了三只其大非凡的大红柿子，吃到第二只就已倒了胃口。这东西，初上口又甜又冷，似乎很好，吃过之后，毫无意味，那股烂污样子，尤其讨厌，再加上回味时的一些涩，因此是下等的果子。这两天文旦是最好吃的了。

我要吃你的鼻头。

黄天霸

174
只有你才是属于我的

心爱：

昨夜梦你又来了，而且你哭。你为什么哭呢？是不是因为我们的交好使你感觉不幸？是不是因为我太不好？还是不为什么？

你是太好了，没有人该受到我更深的感激。开始我觉得你有些不够我的理想，你太瘦小了，我的理想是应该颀长的；你太温柔婉约了，我的理想是应该豪放浪漫的。但不久你便把我的理想击为粉碎，现实的你是比我的空虚的理想美得多可爱得多。在你深沉而谦卑的目光下，我更乐意成为你的臣仆，较之在一切骄傲而浮华的俗艳之前。我明白我们在这世上应该找寻的是自己，不是自己以外的人，因为只有自己才能明白自己，谅解自己，我找到了你，便像是找到了我真的自己。如果没有你，即使我爱了一百个人，或有一百个人爱我，我的灵魂也仍将永远彷徨着，因为只有你才是属于我的 type（类型），你是 unique（独一无二）的。我将永远永远多么的多么的欢喜你。

梦中得过四句诗，两句再也记不起来，那两句是"剧怜星月凄凄色，又照纤纤行步声"，很像我早期所作的鬼诗。

《孟加拉枪骑兵传》已在大光明卖了一星期满座，尚在继续演映中；《罪与罚》则如一般只供高级鉴赏者观看的影片一样，昨天已经悄悄地映完了，只有报纸的批评上瞎称赞了一阵，为着原作者和导演人冯吏登堡的两尊偶像的缘故。在我看来，它还不能达到理想的地步，虽仍不失为本季中最值得注意的一个作品。除了演员的表演而外，你有没有注意到本片构图和摄影的匠心？

再谈，祝你好。伤风有没有好？作不作夜工？珍摄千万！

九日

175
没有一刻我不想你

好人：

今晚为了想一句句子的译法，苦想了一个半钟头，成绩太可怜，《威尼斯商人》到现在还不过译好四分之一，一定得好好赶下去。我现在不希望开战，因为我不希望生活中有任何变化，能够心如止水，我这工作才有完成的可能。

日子总是过得太快又太慢，快得使人着急，慢得又使人心焦。

你好不好？

不要以为我不想你了，没有一刻我不想你。假使世界上谁都不喜欢你了，我仍然是欢喜你的。

你愿不愿向我祷求安慰，因为你是我唯一的孩子？

Shylock　廿四夜

176
我完全不骗你

好人：

我不打你手心，我待你好，永远永远永远，对着魔鬼起誓，我完全不骗你。

你想不出我是多么不快活，虽则我不希望你安慰我，免得惹你神气。

我吻你—这里—这里—这里—还有这里。

你的　十六夜

177
很胆怯

清如：

我非常怨，左半的胸背上生了许多颗粒状的东西，挤之出水，其名不知，没有什么痛楚，也不发痒，可是很难受，人好像分为两半，右半身健好如恒，左半身则又乏力又受罪，看样子好像得去请教医生，可是没有妈妈陪着，很胆怯，怎么办？

朱

要是再会厉害起来，也许非请假不可，信寄汇山路明华坊七号。

178
忘却生活的无味

近来每天早晨须自己上老虎灶买水，这也算是"增加生活经验"。

搁置了多日的译事，业已重新开始，白天译 *Merry Wives*（《风流娘儿们》，即莎士比亚戏剧《温莎的风流娘儿们》），晚上把 *Merchant of Venice*（《威尼斯商人》）重新抄过，也算是三稿了（可见我的不肯苟且）。真的，只有埋头于工作，才多少忘却生活的无味，而恢复了一点自尊心。等这工作完成之后，也许我会自杀。

我以梦为现实，以现实为梦，以未来为过去，以过去为未来，以 nothing 为 everything，以 everything 为 nothing，我无所不有，但我很贫乏。

179
请求宽恕

清如夫子：

我相信你一定已经不生气了，所以虽然詹先生写了那样严重的信来，我可是一点也不发急。请罪未免多事，最好无条件开恩，十个月不写信时期太长了些，我看十天也尽够罚罚他了，如果你真是那样忍心的话。

不是说玩笑，我真想你得好苦，你马马虎虎点吧。

180
要没你我真不能活

清如：

在家没趣，只想回上海来。一回到自己独个儿的房间里，觉得这才是我真正的家。其实在我的老家，除了一些"古代的记忆"之外，就没有什么可以称为"我的"的东西；然而三天厌倦的写字楼生活一过，却有点想家起来了。家，我的家，岂不是一个ridiculous（荒谬的、可笑的）的名词。

我常常是厌世的，你的能力也甚小，给我的影响太不多，虽然我已经感谢你，要没你我真不能活。有经验的译人，如果他是中英文两方面都能运用自如的话，一定明白由英译中比由中译英要难得多。原因是，中文句子的构造简单，不难译成简单的英文句子，英文句子的构造复杂，要是老实翻起来，一定是噜苏累赘拖沓纠缠麻烦头痛看不懂，多分是不能译，除非你胆敢删削。——翻译实在是苦痛而无意义的工作，即使翻得好也不是你自己的东西。

我们几时绝交？谁先待谁不好？

愿你好。有人说他很爱你，要吃了你，因此留心一些。

常山赵子龙　十一

181
这种是不是无聊话

好人：

你初八的信于今天读到。

如果要读书，倘使目的是为趣味，那么可以读读子书、笔记和唐宋以后的诗词、英文的小说戏曲；倘使要使自己不落伍，则读些社会科学的书，但不必成为社会主义者。

回家很没趣味。兄弟一个失业，拉长了面孔，一个又吐出过一点血。长者们逼我快娶亲，你肯不肯嫁我？或者如果有这样的人，你可以介绍给我：

1.年龄二十五至三十。

2.家境相当的穷。

3.人很笨。

4.小学或初中毕业，或相当程度（不必假造文凭也）。

5.相貌不甚好，但勉强还不算讨厌。

6.身体过得过去，但不要力大如牛，否则我要吃瘪。

7.不曾生过儿子，生过儿子而已死或已丢掉则不妨。

8.能够安安静静坐在家里不说话。

9.最好并无父母，身世很孤苦。

10.不喜欢打扮及照镜子。

11.不痴心希望丈夫爱她（但可以希望他能好好待遇她）。

这种是不是无聊话？

我永远爱你。

朱　二月十五

信仍寄世界书局较妥。

182
世界是多么荒凉，如果没有你

阿姊：

天冷得很呢，你冷不冷？

做人真是那么苦，又真是那么甜，令人想望任性纵乐的生涯，又令人想望死想望安息。从机械的日程中偷逃出来的两天梦幻的生活，令人不敢相信是真实，我总好像以为你不是真存在于世上，而是一个虚构的人物，我所想像出来以安慰我自己的。世界是多么荒凉，如果没有你。

今天我有点忧郁，我以你的思忆祛去一切不幸的感觉。

祝你一切的好，以我所有对你的虔敬、恋慕、眷爱和珍怜。

爱丽儿　十七夜

183
悄悄话儿

昨天上午八时起身，到四马路去，在河南路看见原来摆的那个旧书摊头已经扩大了地盘，正式成立一个旧书店的样子。买了一本Macauly（麦考莱，19世纪英国史学家）的论文集，一本Hazlit（赫兹里特，英国散文作家，文艺批评家）的小品文集和一本美国版集合本的Hamlet，一共一块两毛半。杂志公司里买了《文摘》、《月报》，商务新近出版的文学什么，《戏剧时代》、《新诗》、《宇宙风》、《译文》六七种杂志，是寄给郑祥鼎的。杏花楼吃了两只叉烧饱（平声）、两只奶油饱、一碗茶，以当早餐，不过两角钱，颇惬意。这样回来吃中饭。因为是国耻纪念，故不去看影戏（其实我近来星期日总不看影戏，看影戏常在星期一夜里，因为这样可免拥挤）以志悲哀。在房间里抄稿子，傍晚出去。我说即使我有爱人在上海，人家那样并肩漫步的幸福我也享受不到，因为一到上海来，我已经完全没有了走慢步的习惯，即使是无目的的散步，也像赛跑似的走着，常常碰痛了人家的脚。买了四条冰棒回家吃了。一个下午及一个晚上，抄了一万多字，然后看一小时杂志，两点钟睡觉。斯乃又一个星期日。

我觉得星期日不该去玩，方可以细细领略星期日的滋味，尤其应当一个人关在房间里。但星期六晚上应当有玩一个整夜的必要。

你的诗，仍旧是这种话儿，这种调子，这种字眼，蔷薇、星月、娇鸟、命运的律、灵魂的担子，殊有彻底转变一下的必要。

我悄悄儿跟你说，我仍旧爱你。

184
我想把全部东西一气弄完

好人：

今夜夜里差不多抄了近一万字，可谓突破记录。《风流娘儿们》进行得出乎意外地顺利，再三天便可以完工了，似乎我在描摹市井口吻上，比之诗意的篇节更拿手一些。

我希望你在下半年不要再在那个学校里了，即使对自己绝望，甘心把自己埋葬，就是坟墓也应该多换换。我希望你去做共产党，女优，什么商店的经理，或是时装设计家。

我相信我的确不爱你，因为否则我早就发疯了，可是我向你保证，我是欢喜你的。

昨天在街头买了三本不很旧的旧书，陀斯妥益夫斯基的《赌徒》，辛克莱的《钱魔》，还有一位法国女人做的《紫叶》，可是还没工夫看。我现在看小说的唯一时间只在影戏院里未开映以前的几分钟内。

《梵尼斯商人》已收到，谢你改正了一个"么"字。今天开始翻了半页《无事烦恼》，我很希望把这本和《皆大欢喜》早些翻好，因为我很想翻《第十二夜》，那是我特别欢喜的一本。不过叫我翻起悲剧来一定有点头痛。我巴不得把全部东西一气弄完，好让我透一口气，因为在没完成之前，我是不得不维持像现在一样猪狗般的生活的，甚至于不能死。

也许我有点太看得起我自己。

豆腐　廿二

185
一个人的灵魂是有重量的

清如：

今天我工作效率很好，走路时脚步也有点飘飘然，想要蹿蹿跳跳似的，天气又凉得可爱，心里充满了各种快乐的梦想。

我想，一个人的灵魂当然是有重量的，而且通常都较身体的重量为重，否则身体的重量载不住，要在空中浮了起来的。一个人今天心里很懊丧，他走一步路，似乎脚都提不起来的样子，头部也塞满了铁块似低垂着；明天他快活了，便浑身都似乎要飞起来的样子，这当然只是灵魂的轻重发生变化的关系，身体的重量在两天之内决不会有甚么大的差异，而且不快活的人往往要消瘦，反而比之快活的人要轻一些。灵魂轻到无可再轻的时候，便要脱离身体而飞到天上去，有的飞上去不再回来，变成仙人了，有的因遇冷凝结（因为灵魂是像水汽一样的），重又跌了下来，那便只是一时的恍惚出神或做梦。有时灵魂一时不能挣扎出皮囊，索性像一个轻气球一样地，把身体都带到天上去了，这是古时所以有白日飞升的缘故。

说不出的话，想不起的思想，太多了。再谈吧。愿你无限好！

朱生　卅一日

186
停止了对于你来信的盼望

好：

昨夜梦被一群基督徒包围，硬要把我拦入羊栏里，为要拯救我的陷落的灵魂起见，特地把我托付给一位圣洁的女士，她为着忠实地履行对于上帝的神圣的义务，毫不容情地把我占有了，绝对不许我和你见面或通信。我恨极了，终于借着魔鬼的力量，把她一脚踢得老远的，奔到你的身边来了。

从今天一点钟起我停止了对于你来信的盼望，你简直是个梦，我一点把捉不住你的存在，也许我从来不曾真看见过你，除了在梦中，……

每天每天是那样说不出的无趣。你说过你需要一个需要，我希望我能有一个……希望。

横竖总写不痛快，不写了。十万个祝福。

空气　廿五

187
个性强烈的女子，不容易有爱人

好人：

否则我今晚不会写信的，因为倦得很不能工作，所以写信。今晚开始抄《皆大欢喜》，同时白天已开始了《第十二夜》，都只弄了一点点。我决定拼命也要把《第十二夜》在十天以内把草稿打好，无论如何，第一分册《喜剧杰作集》要在六月底完成，因为我急着要换钱来买皮鞋、书架和一百块钱的莎士比亚书籍。等过了暑天，我想设法接洽在书局里只做半天工，一面月支稿费，这样生活可以写意一点，工作也可早点完成。

今晚我真后悔不去看嘉宝的《茶花女》，其实这本片子我已经在一个多月前看过了（那次好像是因为给你欺负了想要哭一场去的，结果没有哭），而且老实说，我一点不喜欢这种生的门脱儿（英文的译音，意为感伤的）的故事（正和我不欢喜《红楼梦》一样），但嘉宝的光辉的演技总是值得一再看的。当然她的茶花女并不像是个法国的女人，正和她的安娜·卡伦尼娜并不像是个俄国女人一样。看她的戏，总觉得看的是嘉宝，并不是看茶花女或安娜·卡伦尼娜，这或者是演员本身的个性侵害了剧中人的个性（好来坞的演员很少能逃出一个定型的支配，即使他们扮的是不同性质的角色，从舞台上来的比较好些）。但无论如何，她的演技的魄力、透澈与深入，都非任何其他女性演员所能几及。

平常美国作品中描写男女相爱，好像总有这么一个公式，也许起初男人大大为女人所吃瘪，但最后女人总是乖乖儿地倒在男人的怀里。然而我看嘉宝的戏，却常会发生她是个男人，而被她所爱的男人是个女人的印象。《茶花女》中扮阿芒的罗勃泰勒，我觉得就是个全然的女人，他的演技远逊于嘉宝，但他比嘉宝更富于 sex appeal（性感）。我想这也许是喜爱嘉宝的观众，女性多于男性的一个理由，因为大多数男人心理，都是希望有一个贤妻良母式的女子做他生活上的伴侣（或奴隶），再有一个风骚淫浪的女子做他调情的对手（或玩物），可是如果要叫他在恋爱上处于被动的地位，就会很不乐意。个性强烈的女子，比较不容易有爱人，也是这个道理。

买了四支棒冰，吃了一个爽快。赤豆棒冰好像是今年才有起的，味道很好，可是吃过了冰，嘴里总会渴起来，水壶里又没有冲水，很苦。今年到现在还不曾有臭虫发动，大概可免遭灾。你有没有得好的荔枝吃？我什么水果都不在乎，只有荔枝是命。

我相信你一定寂寞得要命。

批评家是最不适于我的职业，我希望我以后再不要批评任何人或作品或思想，今天说过的话，明天便会翻悔，而且总是那么幼稚浅薄。

要睡了，因为希望明天早点起来好做点工作。

188
我为了思念你而憔悴

亲爱的朋友：

心头像刀割一样痛苦，十八天了，她还是没有来。

我知道我太不配接受她的伟大而又纯真的爱，因此所享受的每一份幸福，必须付出十倍于此的痛苦做代价，因此我便忍受着这样的酷刑。

她是个太善良的人，她对谁都那么顾恤体贴；她也是个太老实的人，她说的话都没有半分虚伪。她不会有意虐待我，或对我失信。可是她是个孝顺不过的女儿，在她母亲强有力的意志下，我的脆弱的感情，只好置之不顾了。我能怨她吗？不，我因此而更爱她。

亲爱的朋友，恕我把你和她做一个比较，你是我所认识的人中最可爱最完美的一人，可是她的美丽她的可爱，永远是发掘不尽的宝藏。你只是她过去生命中的一部分，是她美丽的灵魂投射在我心镜上的一个影子，因为我的感受力非常脆弱，不能摄取她的美丽灵魂的全部，然而我所能摄取的却已经深深地锁在我的记忆里，没有什么力量可以把它夺去。

迷迷糊糊地睡了一觉，醒来就盼望天明，不料邻家的钟才敲上一点，这时间怎样挨过去。起来点了火，披上衣裳，坐在被窝里，写上几行，反正你也不在这里。她们也不在这里，一个人由得我发疯。

明天大概不会下雨了，历本上说是好日子。你没有理由再不回来。要是你再不来，那我必需在盼望你的焦虑上，对你的平安忧虑了。最亲爱的人，赶快回来吧！大慈大悲的岳母大人，请你体恤体恤一个在热恋中的孩子的心，不要留着她不放吧！她多住三天两天，在你是不知不觉中很快过去了，可是她迟回来一天，这一天对我是多么漫长的时间啊！

但愿你平安着！

听见邻人家孩子呼唤母亲的声音，就勾起我失母的悲哀。二十年了，她的慈爱的音容，还是那么深刻在我的心上。我不愿把一般形容母亲的慈祥二字放在她的身上，因为她到死都只是一个□□的好心情的孩子。你是一个有母亲的人，你一定不会想到一个早年失母的人，是怎样比人家格外希望有一个亲切的人永远在他的身边。

今天濂姐（朱生豪的表姐曹思濂）回来，给她的母亲放衣服，我见了她，忍不住要哭。……

今年的春天，我们婚后第一年的春天，是这样成为残缺了，我为了思念你而憔悴。

梅花在你去了以后怒放，连日来的风雨，已经使她消瘦了大半，她还在苦苦地打叠起精神，挨受这风朝雨夕，等待着你的归来。

昨夜一夜天在听着雨声中度过，要是我们两人一同在雨声里做梦，那境界是如何不同，或者一同在雨声里失眠，那也是何等有味。可是这雨好像永远下不住似的，夜也好像永远过不完似的，一滴一滴掉在我的灵魂上，无边的黑暗、绝望，侵蚀着我，我□□着做噩梦。

要是这雨再阻延了你的归期，我真不知道我怎样还有勇气支持下去。每一天是一个无期徒刑，挨到天黑上了床，就好像囚犯盼到了使他脱罪的死亡，可是他还不知道他的灵魂将会上天堂或下地狱。要是做梦和你在一起，那么我的无恨的灵魂便是翱翔在天堂里，要是在噩梦或失眠中度过，那就是在地狱里沉沦。天堂的梦是容易醒的，地狱的苦趣却漫漫无尽，就是这一夜天便等于一个永劫。好容易等到天亮了，又开始了一个新的无期徒刑。

我不愿向上帝祷告，因为他是从来不听人的话的，我只向你妈祷告。好妈妈，天晴了赶快放她走吧！

天气是那样捉摸不定，又刮起风来。要是你今天来了多好。一定是你妈出行要拣好日子，明天下了雨怎么办？我一定经受不住第二次的失望，即使那只仅是一天的距离。今夜是无论如何不能入睡的了。

明天，明天，明天，明天该是这半月来最长的一天，要是你不来，那一切都完了。

二十日

昨晚听了一夜的雨声，今天起来眼看着天色如此阴沉，心里充满了难言的悲哀。于是讨厌的雨又下起来了。下午抱着万一的希望，撑了伞走到烂泥的马路上，到车站去候你，结果扑了个空，回来简直路都走不动了，眼前只是昏沉沉的一片。今天他们都吃喜酒去了，剩下我一个人，中饭吃了半碗冷粥、□碗□□，晚饭吃了一碗冷开水淘冷饭，独身生活也过了这么许多年了，从来没有像现在这样凄凉过。

大概你夜车是不会来的，即使来我也再没有勇气到车站来接你，明天也许会晴了，我希望你的不来只是为了天气的理由。

亲亲，在我们今后的生活里，是不是要继续重复着这样难堪的离别呢？想起来真太惨人！为什么我们不能每时每刻都在一起呢？

二十一日

又下雨了，这雨大概是永远下不完的，你也永远不会再回来了。

睡着了梦里也是雨声，醒来耳边也是雨声，我的心快要在雨声中溺死了。我没有再希望的勇气，随便天几时晴吧，随便你几时来吧，我都不盼望了，让绝望做我的伴侣。昨晚写了一封快信想寄出，可是想不出它有什么目的，还是不要寄，让你想象我是乖乖地，不要让我这Intruder（闯入者）破坏了你的天伦之乐吧。

我一点不怪你，我只是思念你，爱你，因为不见你而痛苦。今天零点多钟便起来望天色，写了这几句话。我一点不乖，希望你回来骂我，受你的打骂，也胜于受别人的抚爱。要是我们现在还不曾结婚，我一定自己也不会知道我爱你是多么的深。

虽然明知你今天不会来，仍然到车站望了一次。雨停了，地上收干了，鹈鸪也不叫了，空气中冷得厉害，明天你总不要再使我失望了吧？

只要仍然能够看见你，无论挨受怎样的痛苦都是值得的，可是我不能不为我们浪费的年华而悲惜。我们的最初二十年是在不知道彼此存在中过去的。一年的同学，也只是难得在一处玩玩，噩梦似的十年，完全给无情的离别占夺了去。大半段的生命已经这样完结了，怎么还禁得起零星的磨蚀呢？

梅花已经零落得不成样子了，你怎样对得起她呢？

今天以愉快的期待开始，好鸟的语声催我起来，阳光从东方的天空透出，希望能有一个happy ending（愉快的结局），结束这十多天来的悲哀。忙着把久未收拾的房间清理了一个早晨，现在还没有吃过早餐（昨天早上陆弟拿进一碗白米粥来，我吃了两顿，晚饭吃了一只粽子），坐下来写这几行。抬头望着窗外，我真不忍望那憔悴的梅花，可是院南的桃柳欣欣向荣，白云是那么悠悠地飘着，小鸟的鸣声依然好像怪寂寞的，要是这空气里再有了你的笑语□□，那么春天真的是复活了。相信我，这许多天来我不曾对你有丝毫抱怨，可是今天你再不来，我可不能原谅你了。

想不到今天又是这样过去，我希望明天还是下雨吧，因为晴天只是对我的一个嘲笑。

第三次从车站拖着沉重的脚步归来，头痛，腰酸，身上冷得厉害，我的精神已经在这几天完全垮了。

为什么？为什么？为什么？

二十三日下午